U0925891

向毛泽东学管理

中国离不开毛泽东

李凯城／著

图书在版编目(CIP)数据

向毛泽东学管理 / 李凯城著. -- 北京：当代中国出版社，2010.4 （2024.7 重印）

ISBN 978-7-80170-903-5

Ⅰ. ①向… Ⅱ. ①李… Ⅲ. ①毛泽东思想—企业管理—研究 Ⅳ. ① A841.66

中国版本图书馆 CIP 数据核字（2010）第 073940 号

出 版 人　王　茵
责任编辑　李一梅　陈　莎
责任校对　康　莹
封面设计　周周设计局
出版发行　当代中国出版社
地　　址　北京市地安门西大街旌勇里 8 号
网　　址　http://www.ddzg.net
邮政编码　100009
编 辑 部　（010）66572180
市 场 部　（010）66572281　66572157
印　　刷　中国电影出版社印刷厂
开　　本　720 毫米 × 1020 毫米　1/16
印　　张　11.75 印张　1 插页　110 千字
版　　次　2010 年 6 月第 1 版
印　　次　2024 年 7 月第 38 次印刷
定　　价　58.00 元

前言

今天，重提毛泽东，有人会觉得不合时宜。在当今以经济为中心的时代，毛泽东能给我们带来什么？毛泽东有什么可学的？事实果真如此吗？！

20 世纪 50 年代初的一个早晨，蒋介石在其台北的官邸与蒋经国和随从晤谈。蒋介石突然发问："你们说什么是艺术？"蒋经国和随从不知如何作答，只好微笑作陪。

"毛泽东打仗是艺术！"蒋介石突然把声音提高了八度："是高超的艺术！"他接着又说："我们要研究毛泽东！要学习毛泽东！"

这就是与毛泽东斗争了几十年、称毛泽东为"土包子"，并屡次扬言消灭毛的蒋介石对毛泽东的评价！对于今天的企业界、管理界来说，毛泽东管理智慧已经是思想之源、智慧之根。在当今中国，有众多成功的企业家都深受毛泽东管理思想的影响。唐骏、陈天桥最崇拜的人是毛泽东；华为总裁任正非曾经是"毛泽东思想学习积极分子"，他经常琢磨如何把毛泽东的思想转化为华为的战略；万通集团董事局主席冯仑敬佩和研究毛泽东；娃哈哈总裁宗庆后也是毛泽东智慧最好的实践者，还有张瑞敏、史玉柱等当代中国商界的领袖人物，都具有浓浓的毛泽东情结。他们最先深刻领会毛泽东思想的精髓，将其灵活运用在企业经营、管理、竞争、扩张中，在激烈的竞争中创造了奇迹。

假如能将一个国家缩微为一家企业，那毛泽东无疑是最伟大、最成功的一位企业家！他的组织管理能力、他的领导水平、他的带兵艺术、他的人格魅力、他从群众中来到群众中去的伟大理论等，无疑都是最值得领导者、管理者学习的。

中国人懂得传统和智慧，也最善于吸收世界的文明成果。在我们看来，毛泽东的管理思想代表了中国式管理的最高水平，有着取之不尽的精华。在社会主义市场经济的今天，如果企业界、学界、政界，都能够从毛泽东身上吸取更多的管理精髓，并灵活运用到实践当中去，就能把握管理的主动权，始终立于不败之地。我们翘首以待，本书能为之起到倡导和推动作用。

同道

二〇一〇年四月

目录

第三章　群众路线是制胜法宝

——得人心者得天下

第四章　打造铁的纪律

——加强纪律性,革命无不胜

第五章　作风就是战斗力

——狼文化是如何炼成的

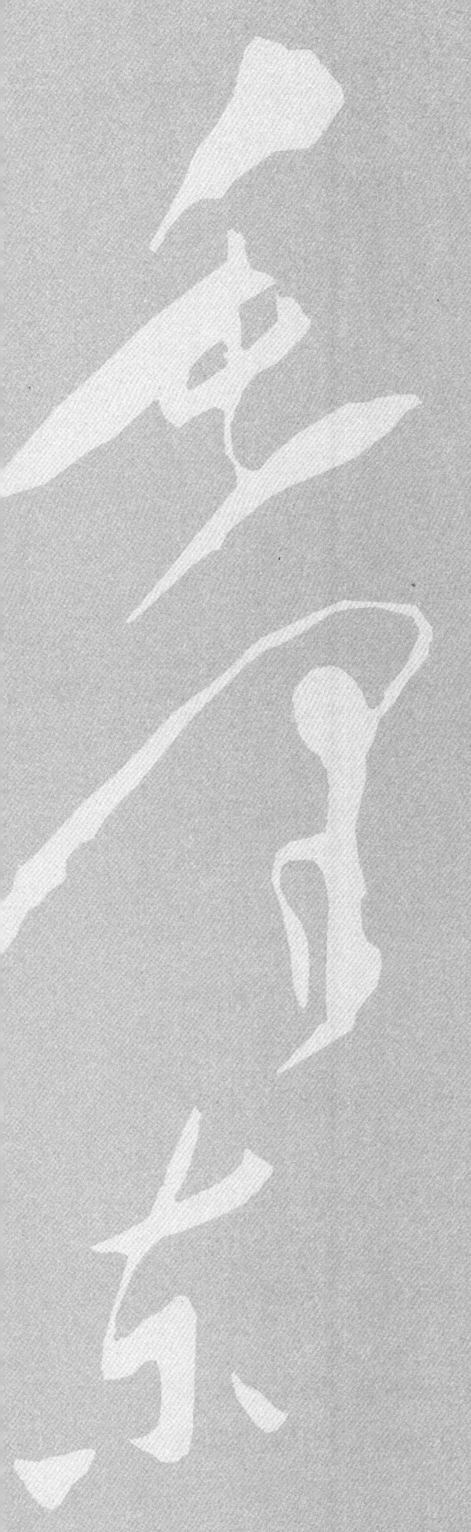

第一章

精神聚众

——用核心价值观统领一切

现代管理强调企业文化的重要作用，提倡培养核心价值观。企业应该提倡什么样的价值观？反对什么？弘扬什么？抑制什么？对于这些问题，毛泽东早在上井冈山的时候，就作出了最好的回答。这是毛泽东成功管理的最大秘密。

1.把员工统摄到宗旨的大旗下

一个团队要想有战斗力，首先要有凝聚力。如果缺乏凝聚力，连人都留不住，靠谁去战斗？如何提高团队凝聚力，是管理者必须优先考虑和解决的重要问题。

许多创业者会遇到这样的难题：当初几个朋友合伙打天下时，想法肯定很简单：一求生存，二图发展。每个人都势单力薄，只有相互帮衬，精诚团结，拧成一股绳，才能有所作为。可一旦企业做大了，个人生存和发展的目标基本实现了，想法自然就变了，“宁当鸡头，不做凤尾”的问题也出来了。每个创业者都觉得自己有本事，贡献大，应该在打下的地盘中占更大份额。矛盾越来越多，越来越尖锐，越来越难调和，争执的程度终于超过合作的意愿，最后双方不得不分手了之。

如果说企业创办者还有求生存、图发展的创业冲动，那么对后加入的员工来说，进企业可能就是谋个饭碗。企业的一切都是老板的，自己不过是个打工仔。觉悟高一点的，拿一份钱，尽一份力；等而下之的，则能偷懒就偷懒，自然更谈不上什么忠诚度了，谁给的钱多就跟谁干，跳槽就成了家常便饭。

今天企业管理者遇到的这类问题，毛泽东当年也遇到过，而且相当尖锐。纵观整个民国史，简直就是一部军阀背叛史、军队哗变史。不仅袁世凯、冯玉祥等叱咤风云的大人物最终都是被部属的倒戈搞垮的，就连营连一级的军官，也都拉上队伍自奔前程。

以袁世凯为例。他称帝后，起先是一线的重要骨干冯国璋、李纯、朱瑞、靳云鹏、汤芗铭偷偷地联络其他各省的将军，联名上书逼他退位，到最后连那些对帝制最卖力的二线干将陈树藩、陈宧一看大势不对,也起来窝里反,纷纷宣布独立,就算没有蔡锷在云南举义,袁世凯这个皇上也做不成了。

蒋介石算是挖墙脚的顶尖高手。1929 年初,蒋介石打败桂系后,把矛头指向冯玉祥,利用高官厚禄收买了冯玉祥的两员大将韩复榘、石友三,致使冯玉祥精锐部队兵力损失三分之一。在其他军阀身上,蒋介石这一着儿也屡试不爽,以至于搞垮了一大批与之作对的军阀,然而,最后他自己也落了个众叛亲离的下场。

毛泽东却成功地解决了这一难题。毛泽东的军队从来没有督战队,也没有大把银元奖励,他的军队却最富有献身精神,是世界上最有凝聚力的军队。除了改编的部队外,解放军历史上几乎没有整建制哗变、叛逃的。即使张国焘这样的高级领导叛逃时,也只带了一个警卫员偷偷跑到武汉。叛逃后,张国焘曾经叫人带信给武汉八路军办事处,要警卫员张海回到他那儿去。周恩来问张海去不去。张海坚决表示不愿意去,他说:"我是个共产党员,难道他不革命我也不革命吗?"周恩来夸奖他是个好同志,不去对!后来,张海回到延安保卫处,新中国成立以后任湖北省军区副司令。20 世纪 80 年代他还专门写文章,谈到当年为什么不跟张国焘走。

那么,毛泽东是靠什么凝聚这样一支举世无双的铁军呢?说到底,靠的是信仰,靠的是宗旨。

毛泽东在早年组织和改造新民学会的过程中,作过这样一段总结:不但要有一班刻苦励志的人,而且要有一个大家信守的主义。主义好比一面旗帜,旗帜竖起来后,人们才有所趋附。既有了主义,又有了人,剩下的任务就是去建立一种组织,把信守这个主义的人组织起来,并通过这些人,拿了这个主义去组织联络更多的人。

这里的主义,就是一种信仰和信念。毛泽东用信仰和信念去统一思想。

对于这一点,就连张学良也不能不佩服。经过长征的红军,到了陕北,装备极差,营养不良,破衣烂衫,和叫花子一样,却打败张学良装备精良的部队,

为此张学良感慨万分地说，红军走了两万五千里，是一支疲惫之师，还能把我的部队打败。我们都是带兵的，我们谁能把部队带成这个样子？走了两万五千里，还跟着你走，而且还能打胜仗，还没把部队带没了、带散了！

其实，早在创建井冈山革命根据地时，由于中国红军来源复杂，军心并不稳。为了帮助红军提高阶级觉悟，明确革命目标，毛泽东在建军之初，就确立了红军的唯一宗旨。后来在《论联合政府》一文中，他对解放军宗旨作出了经典概括："这支军队之所以有力量，是因为所有参加这个军队的人，都具有自觉的纪律；他们不是为着少数人或狭隘集团的私利，而是为着广大人民群众的利益，为着全民族的利益，而结合，而战斗的。紧紧地和中国人民站在一起，全心全意地为中国人民服务，就是这个军队的唯一的宗旨。"

在全心全意为人民服务的宗旨下，广大官兵不是为了个人升官发财，而是为共同的理想而结合，为人民的利益而战斗。因此，旧军阀之间相互"挖墙脚"的那些办法，对这支军队根本不起作用。高官厚禄、金钱美女也许可以收买少数意志不坚定者，却无法改变整支部队的性质。为人民服务这一宗旨为广大官兵接受后，人民军队便产生了极大的凝聚力、向心力。

1935 年毛泽东率领中央红军长征到达陕北时，兵力只剩 8000 人，人困马乏，粮草匮乏，各方面都十分困难。而先期到达陕北根据地的徐海东领导下的红 15 军团，不仅人数上与中央红军差不多，而且武器精良、兵强马壮、给养充足。如果按农民起义军的规矩，应该是大鱼吃小鱼，两军合并后由徐海东说了算。可由于红 15 军团的全体指战员有信仰、有宗旨，徐海东不仅完全听从中央军委的指挥，而且从人力、物力等方面给了中央红军强有力的支援。难怪毛泽东直到晚年还一再谈及此事，称赞徐海东是对中国革命有大功的人。

历史上解放军打败仗，被打垮、打散的情况是很多的，但由于建军宗旨深入军心，部队被打散后还能重新聚集起来，甚至一个不落地跑回来。罗荣桓元帅在回忆井冈山斗争的文章中，就讲过这么一个例子："毛泽东同志曾率领 31 团的三营，下山去接应 28 团由湘南返回井冈山。夜间通过桂东地区，遭到敌人袭击，部队当时被打散了，大家很着急。但第二天清晨一集合，只少了一个担架兵。大家都以为他当了逃兵，谁知等部队回到井冈山，这个担架兵早已回来了。”[①] 如果哪个企业、哪个组织能有当年红军一样的凝聚力，不用说，它肯定会“基业长青”。

解放军的建军历史充分说明了，志同，才能道合；心往一处想，劲才能往一处使。要想巩固组织，凝聚军心，最重要的就是确立一个明确的宗旨，并使之深入人心。

通常来说，企业留人一般采用待遇留人的办法，但只要竞争对手开出的薪酬更高，给出的待遇更优厚，就足以挖你的墙脚；靠情感留人，但情感不断变化；靠事业留人，有些员工会觉得与其跟老板干，不如自己创一番事业。总而言之，上述留人的办法作用总是有限，不能解决根本问题。相较之下，毛泽东显然“技高一筹”，他是把众人聚集到“为人民服务”这面大旗之下，共同为这个大目标去奋斗。

在不同文化背景下成长起来的人，有不同的价值取向，有不同的思维方法，有不同的行为习惯，难免各打各的小算盘。假如人心不齐，努力方向不一致，是注定要吃败仗的。所以，企业同样要确定一个共同目标，明确共同宗旨和价值观。

曾先后在四通、华为担任过高层领导的李玉琢，在《我与商业领袖的合作与冲突》一书中，结合四通公司的发展演变，谈了自己的感悟：“‘做中国的IBM’和‘我们大家共同来努力干一番事业’曾将无数人才从四面八方集合到四通的旗帜下，人们在四通宏伟目标的激励下，充满了创业的热情，几乎没有谁计较过什么。”然而，到了20世纪90年代初，四通公司第二代领导人为了配合股份制改造，开始提倡“打工意识”，甚至在公司内部组织了关于“打工意

① “中国人民解放军三十年”征文编辑委员会编：《星火燎原》（一），人民文学出版社1964年版，第116页。

识”的大辩论，将员工们的思想搞乱了。

“在此之前，人们认为四通是大家的，为四通的成绩而骄傲，也为四通的困难着急。”而提倡“打工意识”后，大多数员工对四通变得漠不关心，失落与失望成为伴随四通没落的普遍情绪。

四通公司后来的败落，固然有经营决策失误的原因，但归根到底，还是因为企业缺少一个能够凝聚人心的宗旨，或者员工没有真正完全认同公司的宗旨。在缺乏精神纽带的情况下，企业只是一个利益共同体。当有人用更多的利益做诱饵时，组织很容易土崩瓦解。

共同的理念与信仰是企业与员工间的黏合剂。只有以共同的事业为纽带，以美好的愿景来感召，才能将员工组织起来、凝聚起来。如果只以金钱为媒介，员工与企业之间的联姻不可能长久。所以，企业必须扯出“信仰杏黄旗”，把员工统摄到宗旨的大旗下。理念有多大，事业才能做多大。

［毛泽东《论联合政府》（1945年4月24日）一文摘录］

这个军队之所以有力量，是因为所有参加这个军队的人，都具有自觉的纪律；他们不是为着少数人的或狭隘集团的私利，而是为着广大人民群众的利益，为着全民族的利益，而结合，而战斗的。紧紧地和中国人民站在一起，全心全意地为中国人民服务，就是这个军队的唯一的宗旨。

在这个宗旨下面，这个军队具有一往无前的精神，它要压倒一切敌人，而决不被敌人所屈服。不论在任何艰难困苦的场合，只要还有一个人，这个人就要继续战斗下去。

在这个宗旨下面，这个军队有一个很好的内部和外部的团结。在内部——官兵之间，上下级之间，军事工作、政治工作和后勤工作之间；在外部——军民之间，军政之间，战友之间，都是团结一致的。一切妨害团结的现象，都在必须克服之列。

在这个宗旨下面，这个军队有一个正确的争取敌军官兵和处理俘虏的政策。对于敌方投诚的、反正的，或在放下武器后愿意参加反对共同敌人的人，一概表示欢迎，并给予适当的教育。对于一切俘虏，不许杀害、虐待和侮辱。

在这个宗旨下面，这个军队形成了为人民战争所必需的一系列的战略战术。它善于按照变化着的具体条件从事机动灵活的游击战争，也善于作运动战。

在这个宗旨下面，这个军队形成了为人民战争所必需的一系列的政治工作，其任务是为团结我军，团结友军，团结人民，瓦解敌军和保证战斗胜利而斗争。

在这个宗旨下面，在游击战争的条件下，全军都可以并且已经是这样做了：利用战斗和训练的间隙，从事粮食和日用必需品的生产，达到军队自给、半自给或部分自给之目的，借以克服经济困难，改善军队生活和减轻人民负担。在各个军事根据地上，也利用了一切可能性，建立了许多小规模的军事工业。

2.两种价值观之争:为顾客服务还是为金钱服务

如果一个组织的宗旨十分明确,并得到大多数成员的认同,只是在具体方式、方法上出现了意见分歧,通常比较容易通过讨论达成一致;但如果组织的宗旨不明确,众人的追求不同,各打各的小算盘,决策时自然难以形成一致意见。表面看上去,这些分歧是意见之争,或者方案之争,其实是利益之争、价值之争。

在创建和领导人民军队的实践中,毛泽东也曾遇到不少重大抉择。如怎样规定军队的主要任务,怎样确定敌我友,怎样看待军民之间、官兵之间的利益关系,怎样处理军内外的各种矛盾,等等。

在此情况下,如何作出决策,并赢得广大官兵的认同与自觉执行呢?毛泽东指出,全心全意为人民服务的宗旨,是军队各项决策的最终依据。他说:"全心全意为人民服务,一刻也不脱离群众;一切从人民的利益出发,而不从个人或小集团的利益出发;向人民负责和向党的领导机关负责的一致性;这些就是我们的出发点。"

在人民军队的宗旨真正被广大官兵接受之后,决策更容易做出,而且一旦做出了决策,全军上下都高度认同,自觉执行,哪怕这个决策对自己是非常不利的,或者想不通的,也会坚决执行。

1937 年全国抗战爆发,国共合作以后,党中央决定将红军改编为八路军和新四军,奔赴抗日前线。在今天看来,这似乎是一个非常简单的决策,在当时却是一个艰难的抉择。试想,红军和白军相互厮杀了十年,结下了血海深仇,忽然宣布改编了,在昔日敌人的指挥下战斗,要让红军官兵在思想上转过这个弯子来,确实是太难了。很多战士都想不通:"我们打了十年白狗子,怎么自己也成白狗子了？”

刘伯承在做思想动员时说：“这顶军帽上的帽徽是白的，可我们的心永远是红的。”[①]许多战士在换掉红五星帽徽时，一边换一边流泪，但最后还是坚决执行中央的这一决定。可以说，人民军队的宗旨起了重要的作用。

对于企业决策者来说，遇到的问题常常相当复杂。在此情况下，如果没有一个统一的企业宗旨，部门之间的利益冲突、政策“打架”也就难以避免。

企业宗旨虽有不同表述，但说来说去，无非是为各利益主体服务。一般企业都突出四个利益主体，即顾客、员工、股东和所在社区，有的还强调要兼顾供应商、合作者等。

有的企业常常将各利益主体并重，再三表明自己追求的是“多赢”。这一说法看上去似乎全面，可实际上难以实现。因为，在处理利益关系时，总会有孰轻孰重的选择，也就是应该把谁摆在第一位，主要是为谁服务的问题。并列第一，也就没有了第一；大家都是“上帝”，等于没有“上帝”。

德鲁克有一个很重要的观点：企业的目标只有一个，就是创造顾客，为顾客服务。这与毛泽东关于唯一宗旨的表述不谋而合。

有的人认为企业就是为金钱服务的，赚钱是最终目的，其他都是骗人的。他们认为，在市场经济条件下，所有人都是主观为自己，客观为社会；企业家为了多赚钱，自然就会认真地为顾客服务。因此，“为人民币服务就是为人民服务”，“企业的宗旨只有一个，那就是利润最大化”。

不错，企业作为一种经济组织，的确要考虑利润，不赚钱就没法生存，但如果企业只盯着钱，一心想赚钱，忽略了顾客的需要和利益，企业就难以形成统一而明确的奋斗目标，很容易做出错误的决策，结果反而赚不到钱。这就好比军队就要打胜仗，而打胜仗并非军队的宗旨一样。

有些企业什么赚钱多、来钱快就做什么，于是等发展到一定规模后，就急

① 李文：《山河呼啸》，湖南出版社 1995 年版，第 8 页。

不可待地去搞多元化。结果如何呢？决策前，好像处处是馅饼；到头来，却发现处处是陷阱。史玉柱在巨人大厦上的惨败就是一个最典型的例子。当时，他为了赚钱盲目扩张，结果导致资金链断裂，致使声名赫赫的巨人集团一夜之间垮掉了。

相反，那些有明确宗旨的企业，盯紧一个领域，在这个领域做大做强，追求的是为这一领域的顾客服务，自然就不容易为送上门来的所谓"赚钱机会"所诱惑。

例如，任正非就在《华为公司基本法》中明确提出："我们要以服务来定队伍建设的宗旨，以顾客满意度作为衡量一切工作的准绳。"为此，他承诺华为永远不进入电信服务领域。

对于这一点，当时很多人不理解，电信服务领域是一个来钱快的领域，为什么有钱放着不赚呢？甚至华为内部人士对此也有异议。但任正非坚持自己的决定，理由是电信服务商是华为的客户，因此，华为不应该进入客户从事的领域，这是华为给自己的定位和对客户的承诺。这项决定后来被证明是明智的。

如果企业本着利润至上的宗旨，当自身利益与顾客利益产生矛盾时，难免做出损害顾客利益的事情来，如缺斤短两、以次充好、虚假宣传、霸王条款等。这样做虽然一时可能占到一些便宜，却损害了顾客利益，最终必然损害到企业和管理者自己的利益。相反，那些以服务顾客为宗旨的企业，遇到矛盾时，宁愿自己少赚些钱甚至吃点亏，也要处处维护顾客的利益。所以，他们才能真正赢得顾客的心，将事业越做越大。

选择以利润最大化为宗旨，还是以为顾客服务为宗旨，这与企业家的精神境界有很大的关系。一般来说，创业之初，难见宗旨。多数企业家是一心想赚钱，因为活下去才是硬道理。只要能赚钱，干什么，怎么干都可以。用联想公司柳传志的话说，企业家最初都是"脚踩西瓜皮——滑到哪里是哪里"。像当年毛泽东等革命者那样，一开始就以为人民服务作为价值追求，是不现实的。

但是，当企业家的财富积累到一定阶段，甚至手下人也富起来以后，促使他们继续办企业的动力不再是钱，而是使命和价值观。一些著名企业家都经历了这样一个思想转变的过程。

松下幸之助就是一个典型代表。他1918年开始创业，把一个只有几名员工的小厂，慢慢发展成有相当规模的松下电器公司。随着个人及其家庭的物质生活条件不断改善，松下幸之助感觉失去了前进的动力。他想，有了几辈子都花不完的钱，为什么还要这么辛苦去经营企业？

1932年的某一天，年仅37岁的松下幸之助因参加宗教活动，被信徒的奉献精神所感动。晚上回家后，他浮想联翩。

他想到，信仰是丰富人心灵的神圣追求，人类生活要求精神上的心安，也要求物质上的丰富，两者互相配合。如果精神安定，但物质缺乏，维持生命就会存在困难；如果仅仅物质丰富，却缺少充实的精神生活，那就毫无生存的幸福与价值可言了。因此，在他看来，信仰与企业经营，是同等重要，也同样神圣的。

想到这里，松下幸之助感到热血沸腾，他懂得了真正的使命，心情无比激动，这同以前曾有过的无数次创新时所感觉到的喜悦心情一样，是无法形容的。由此，他确立了松下电器的终极目标——生产无限多的物质，使得人类能安居乐业。

当年松下幸之助的困惑，今天中国许多企业家也同样遇到过。巨人集团的创立人史玉柱在凭借脑白金东山再起后，造就了一大批富翁，公司的一些高层人士春风得意，青春年少便获得巨大的财富，在公司内部一言九鼎、呼风唤雨，于是，骄傲、追求享乐的思想自然滋生。彼时，别墅、高尔夫、跑车是某些高层聚会的重要话题，甚至一些基层员工，也不把主要精力集中在工作上，而是格外关注待遇问题。

当一家公司的中层以至高层经理人更多地考虑个人的利益、考虑如何享受，不再为公司的生存发展而尽心尽力之时，也正是危机出现之日。对此，史玉柱有清醒的认识。于是，他引入风险机制，把员工推向市场的风口浪尖，将新设项目分拆成立公司，让它们个个接受客户的检验，靠服务好客户求得生存之地。结果,公司又重新焕发出生机和活力。

几年前,张瑞敏在与记者的一次交谈中,谈到现在不少民营企业家,特别是南方一些企业家,已感觉不到办企业有什么乐趣了。他认为,这可不是好现象:国企管理者因为钱少而不干,民营企业家因为钱多也不想干了,中国的经济怎么发展?张瑞敏由此得出结论,在中国真正成大事的人,要有一种觉悟,有一种境界,有一种为国家、为民族、为企业员工甘愿奉献牺牲的精神。

松下幸之助的醒悟,史玉柱的反思,张瑞敏的感慨,是否已经回答这个问题了呢?

3.“为谁当兵，为谁打仗”

激励员工的积极性，管理者责无旁贷。能够激发人奉献牺牲的因素很多，毛泽东选择的是精神信仰，就是将自己有限的生命与某种具有绝对价值的、超越性的东西联系起来，并从中获得人生的意义。如果没有超越个体生命的东西作为精神支撑，如果没有奉献精神，很难做到“不论在任何艰难困苦的场合，只要还有一个人，这个人就要继续战斗下去”。

因为，真实的战争往往异常残酷，远不像影视作品所表现的那么浪漫。军人每一次走上战场，都有再也回不来的可能。在生死考验面前，金钱的激励作用都会减效直至失效。试想，性命都难保，要钱还有什么用？要让军人甘愿出生入死、奉献牺牲，就要为其找到一个充分的价值理由。

全心全意为人民服务，是毛泽东为我军官兵指出的一种价值追求。在这方面，毛泽东有许多精辟的阐述。1928 年 11 月，他在给中央的报告中写道：“红军废除了雇佣制，使士兵感觉不是为他人打仗，而是为自己为人民打仗”①，这是红军作战勇敢、战斗力强的根本原因。

朱德也曾语重心长地对部队官兵说：“我们打仗究竟为谁，过去许多同志不知道，我们有的同志说国民党军队是帮蒋介石打仗，我们是帮毛主席打仗，说国民党军队帮蒋介石打仗，这是对的，可是说我们帮毛主席打仗，那就错了。同志们要知道，正相反，我们是为你们，毛主席和我都是为你们，为士兵服务，士兵又为人民打仗，为自己翻身打仗的。”②

---

①《毛泽东选集》第一卷，人民出版社 1991 年版，第 63 页。

②《军队政治工作学习文件》第三辑，战士出版社 1979 年版，第 56~57 页。

正因为较好地解决了“为谁当兵，为谁打仗”的问题，所以解放军广大官兵才能战时英勇奋战、前仆后继，平时无私奉献、自觉牺牲。

在抗日战争中，我新四军某部四连奉命在淮阴北面的刘老庄阻击日军。在数千敌军的围攻下，全连浴血奋战一昼夜，毙敌170余人，最后弹尽粮绝，82名指战员全部壮烈牺牲。正是这种奉献和牺牲精神，构成了我军战斗力的重要源泉。

相比之下，西方军队就缺乏这种精神，往往官兵觉得没有获胜可能了，马上就会缴枪投降。第二次世界大战时的缅甸战役，开始阶段英军与日军势均力敌，基本上打成平手。正当日军精疲力尽，准备做困兽之斗时，突然传来英军主动投降的消息，战局由此逆转。

古往今来，凡善于带兵打仗的军事将领，都高度重视对官兵的精神激励。曾国藩就说过：“古来名将得士卒之心，盖有在于钱财之外者；后世将弁，专恃粮重赏优，为牢笼兵心之具，其本为已浅矣。是以金多则奋勇蚁附，利尽则冷落兽散。”

很多时候，往往企业管理层有了成熟的方案，可是因为激励措施不到位，团队跟不上。如何能把员工的积极性调动起来，解决执行力的问题，每个管理者都在寻求解决之道。

对此，西方管理学界曾提供了不同于毛泽东的三种解决办法：一是物质刺激，干好了发红包；二是情感笼络，也就是感情投资；三是兴趣诱导。其理论依据来自管理学家马斯洛的需要层次论。这些方法究竟有多少效果呢？以下分别进行分析：

一、物质刺激

通过提高待遇来调动员工积极性这着儿比较好用，也容易立竿见影。但必须看到，物质刺激的作用是逐渐弱化的。用经济学的语言说就是，物质刺激作为管理手段，其边际效用会递减。

首先来看收入和待遇的作用。例如,当一个员工月收入只有 1000 元时,给他发 200 元奖金,他会兴高采烈,干劲倍增。当员工月收入为 10000 元时,发个 2000 元红包,估计不会太兴奋。如果月收入达 10 万元,该发多大的红包才能让员工兴奋起来呢?恐怕不用心理学家研究,凭常识也能做出推断。所以,要想保持激励效果,就必须不断增加刺激强度。可不断加重奖励,给多少才是头呢?企业又怎能承受得了?现实中一些管理者感到奖金没少发,可似乎不起作用,原因就在这里。

这一点可从"安然事件"中得到验证。为了鼓励高管层努力工作,获得好的经营业绩,安然公司董事会曾制定重奖政策。没想到一些高管觉得依靠正当努力很难实现董事会规定的经营目标,可又不想失去重奖,于是便做假账,伪造经营业绩,最终把公司搞垮了。可见如果企业采取强刺激手段,却缺乏强有力的监控手段,就会出问题。

中国古代也有类似的例子,那时激励士气的一个手段是,战后用斩获敌人的首级来记功,后来有些官兵为了领赏,不去英勇杀敌,砍敌人的脑袋,而是靠砍老百姓的脑袋来冒功,以至如何区分敌方武装人员和非武装人员成了一个管理难题。

可见,强刺激有副作用,必须靠强控制来平衡。可如果监控措施过于严格,又容易影响基层员工主观能动性的发挥,影响企业对市场变化的反应速度。而这两点恰恰又是知识经济条件下决定企业成败的关键性因素。也就是说,强刺激需要强控制,强控制又影响经营时效,这是一个解不开的死结。

进一步来说,企业一味靠提高待遇来调动积极性有如饮鸩止渴,后患无穷。因为,高待遇势必加大企业的运营成本,而员工待遇往往是刚性的,只能提高,不能降低。不管什么理由,企业降低员工待遇都将导致士气萎靡,队伍瓦解。在行业景气、企业迅速发展时,高成本运营也许尚能维持,一旦遇上经济波动或发展受挫,企业就会陷入进退两难的境地:不降低员工待遇,等死;而降低,明显是找死。这也就能理解为什么华为公司总裁任正非在企业形势一片大好的情况下，再三强调“华为的冬天”了。

美国社会是一个金钱社会，美国人也最讲实际，可恰恰美国的管理学界，近些年出现了正确评价金钱作用的呼声：“你不能用金钱收买你的孩子做作业，也不能用金钱贿赂你的夫人做家务，更不能用金钱激励你的员工为你工作。”

高工资、高待遇有可能产生副作用，有没有其他物质刺激手段呢？从实际情况看，管理者常出三着儿：一是晋升职务，二是员工持股，三是股票期权。应该承认，这三着儿用好了都会有些效果，可也有各自的局限性。

这是因为，一个员工的升迁往往意味着对一批员工关上了晋升的大门。所以，德鲁克在《管理的实践》一书中，特别强调在组织内部“不要过度强调升迁”，否则，多数员工早晚都会成为失败者。通常情况下，只有在组织迅速发展时，方可将职务晋升作为调动员工积极性的主要手段。因为只有这时才会出现大量高层职务等待后来者。显然，这种状况不可能持续。这也就解释了为什么朝阳企业一旦发展降速，马上就会出现人心浮动、斗志下降的问题。联想公司总裁柳传志大谈事业心与上进心的区别，要求员工将上进心提升为事业心，不要只关注个人职务的提升，应多关心联想事业的发展，正是出于这一考虑。

当然，不是每一个管理者都能认识到这一点。有的企业家提倡在管理中引入国际象棋规则，允诺小“卒”只要攻到底线，便可以封“后”，以为这样就可以解决人多官位少的矛盾了。这种说法颇有诱惑力，可实际上却难以做到。且不说小“卒”攻到底线有多么不易，即使真能称“后”，都称了“后”，这“后”还有啥威力？棋又该如何下？

再来看“一股就灵”的观点。无论经济学家还是管理学家，都一直持有异议。德鲁克就说过：“以为员工只不过因为拥有公司 10 股、25 股或 100 股的股份，就会改变对利润的态度，也未免太天真了。”

至于一些企业家，对此更有清醒的认识。卓达集团的总裁杨卓舒曾经谈道：“给员工股份不管用。第一，给员工的股份不参与流通，是个问题。不流通股份就不增值,就实现不了现金价值,员工就会有怨言;如果流通,很多员工会贪图眼前利益,拿到钱以后随时离开,那么公司就白给他们股份了。第二,当钱以股份的形式给到一定程度的时候,员工不但没有积极性,反而产生巨大的惰性,在中国那种有着充分责任心、训练有素的职业经理人是少数,不要脱离中国的社会背景来考虑公司治理结构,许多人有了 30 万、50 万,房子有了,稳当了,就不思进取了。"

股票期权通常适用于少数业务骨干,其着眼点是将骨干员工的长远利益与公司的发展捆在一起。且不说股票期权的前提是公司上市,并非每个企业都有条件进行操作。即便可以操作,毕竟也是"远水",是否真能解决员工的"近渴",也还难说。另外,对一些骨干员工来说,反正股票期权也是额外所得,自己并没有真正投入资金,实在得不到就算了。所以,靠"金饭碗"不行,加上"金手铐"也未必有效。

华为公司前副总裁李玉琢在其著作中写道:"华为实行内部员工持股,按理应使很多员工可以视华为公司为自己事业的一部分,爱惜有加,更少打工意识,更多归属感、成就感和主人翁意识。遗憾的是,在数千人的公司里,甚至手握大把股票的员工,也并没有觉得华为是自己的,或是自己成功的象征,强烈希望它越办越好。"

事实证明,激励员工不给钱是不行的,光给钱是不够的。还是德鲁克说得好:"我们无法用金钱买到责任感。金钱上的奖赏和诱因当然很重要,但大半只会带来反效果。对奖金不满会变成负面的工作诱因,削弱员工对绩效的责任感。"

二、情感笼络

人都是有情感的,特别是中国人,主张"为朋友两肋插刀",赞赏"士为知己者死"。老板讲究情义,以情感人,关爱员工,确实在一定程度上可以收到调动员工积极性的效果。但是,也必须看到,情感笼络并非总是灵验的。

一是情感很容易成为保健因素。初始阶段,激励效果明显,可时间长了,员工会认为老板对自己好是理所当然，是为了哄着自己多干活，因而激励作用会越来越弱。思想基础好一点的员工尚能将心比心，讲职业道德，差一些的反而会利用老板的好心来谋求个人利益。现实生活中，一些老板常常想不通：我对下属这么好，他们为什么不“滴水之恩，当涌泉相报”，其道理就在这里。

二是老板与员工关系过于密切了，也容易带来副作用。一旦下属出现工作失误，处理起来就会心生顾虑，担心“情感投资”前功尽弃。加之老板的情感受多种因素影响，很难做到对所有员工“一碗水端平”，容易使员工产生亲疏之别，以致激励了个别人，得罪了一大批。所以，管理者应该对员工有情有义，但不宜以情感作为激励手段，更不要去玩情感。玩情感就好比玩火，搞不好会烧着自己。

三、兴趣诱导

利用员工自我实现的需求，靠增加工作的挑战性激发员工的兴趣，也能达到调动积极性的目的。与单纯依靠物质刺激相比，这一着儿无疑是个进步。现在许多高科技企业就是这么做的。所谓“为员工发展提供充分的空间”，“你有多大的本事，我就给你搭多大的舞台”，都是从这个角度提出的激励口号。但需指出，并不是所有的工作都有挑战性，都能引起员工的兴趣。

靠兴趣诱导调动员工积极性还会遇到一个问题，就是员工的兴趣会不断变化。特别是现在的年轻人，受社会时尚影响很大，兴趣经常发生转移。能够对本职工作产生浓厚兴趣，以致全身心投入的，实在为数不多。有些人对什么都提不起兴致来，当一天和尚撞一天钟，甚至连钟都懒得去撞。对于这部分青年，兴趣诱导的激励效果十分有限。

正是因为看到了上述三类激励方法的局限，所以近些年来，西方管理学界开始关注调动积极性的其他精神因素，如价值、意义和信仰等。同时，也开始将信仰与管理直接挂钩。如果说人的其他各种需要，都可算是产生行为动机的“普通燃料”，那么信仰则明显属于“核燃料”。

例如,《人力资源管理》第六版前言中提到:我是以培养员工的奉献精神作为整个人力资源管理的核心。书中几乎每章每节都涉及了这一点。比如招聘,要把有奉献精神的人招聘进来;再如考核和培训,要有利于培养员工的奉献精神;等等。

再如,2008年出版的《薪酬与激励:〈哈佛商业评论〉20年最佳文章精选》,也谈到了激励员工的积极性,主要靠精神因素,不能靠物质报酬。

《基业长青》中谈到一种教派般的文化,就是员工对待自己的工作,对待企业的宗旨,就跟教徒对待教义一样虔诚。

可以说,教育员工树立精神信仰,然后把信仰与业务工作挂起钩来,从根本上调动员工的积极性,这也是西方管理学发展的一个趋势。

实际上,这些林林总总的西方理论观点,都与毛泽东强调精神信仰的观点不谋而合。试想,在毛泽东时代,人们物质需求的满足程度远不如现在,可工作热情却异常饱满,社会上多数人对生活的满足感也远胜于今,这难道不值得人深思吗?

为什么信仰能够调动人的积极性呢?因为信仰也是人的一种本质需求。人和动物的根本区别就在于人有思想,有精神追求。精神信仰可以将平凡琐碎的工作,与一个远大的目标联系起来,使人们从全新的角度看到平凡工作的意义和价值。

在一个单位内部,有些工作是能充分体现人的价值的,比如说研发和营销部门,但还有许多事务性工作或简单操作性劳动,比如看门的、环卫工人、保洁员,这些工作岗位往往是不被看重的,你说它的价值在哪儿?很难用实现自我价值来调动人的积极性,那么,对这一部分员工,又该如何调动他们的积极性呢?

毛泽东当年是如何解决这个问题的呢?他提倡雷锋精神。雷锋说,我们每天的工作很平凡,本身没有多大价值,可这些工作是整个革命事业的一部分,这个事业是有价值的。为了这一事业,我情愿"做一颗永不生锈的螺丝钉"。所以,雷锋是把个人的价值和一个大的组织联系起来,从后者获得个人的价值和意义。这样就解决了平凡岗位上员工的工作动力问题。

如果每个员工都能真正认同企业的宗旨，甘愿为之奋斗，甘愿做企业这部大机器上“一颗永不生锈的螺丝钉”，那该是多么强大的能量！那不正是张瑞敏所追求的：“什么叫不简单，把简单的事情做好就叫不简单；什么叫不容易，把容易的事情做100遍就是不容易。”[①]

实际上，国内一些优秀企业也是这样做的。如联想文化的核心理念就是：“把员工的个人追求融入企业的长远发展之中。”海尔的提法是“个人生涯计划与海尔事业规划的统一”。用张瑞敏的话说就是，企业由个人组成，没有个人能力和积极性的发挥，组织就不会有活力，组织的宗旨和目标就无法实现。

所以，在激励员工时，必须充分考虑员工个人的价值追求。不强调共同价值，组织就无法存在。一个基于个人利益增进而缺乏合作价值观的企业，在文化意义上是没有吸引力的，在经济上也缺乏效率。管理者所要做的，就是明确组织的宗旨，然后将员工个人的价值与组织的宗旨挂起钩来，引导员工在履行组织宗旨的同时，实现个人的价值，获取人生的意义。

① 胡泳、秦劭斐：《张瑞敏管理日志》，中信出版社2008年版，第61页。

第二章

思想教育

——让价值观生根落地

企业的价值观必须真正落地生根，否则，就是一句空话，起不到任何作用。如何让价值观落地生根，毛泽东给出的解决办法是思想教育——把管理与教育融为一体，通过思想教育提高官兵的思想觉悟，从而实现管理目标。可以说，思想教育堪称毛泽东管理思想的一绝。

1. “思想掌握一切，思想改变一切”

大多数人都有过拔河比赛的体验：当每队两个人时，两人的合力最多只有两人总力量的90%，四个人时大概只有80%，八个人时可能就只有60%。人越多，总的力量虽然越大，效率却越低。这是因为大家的力没有使在同一个方向上，所以，要让组织发挥出最大效力，就要统一思想，让人们的劲往一处使，也就是毛主席强调的：步调一致才能得胜利。

那么，如何才能使团队步调一致呢？毛泽东有自己独到的见解：“没有进步的政治精神贯注于军队之中，没有进步的政治工作去执行这种贯注，就不能达到真正的官长和士兵的一致，就不能激发官兵最大限度的抗战热忱，一切技术和战术就不能得着最好的基础去发挥它们应有的效力。”[①] 他在组织撰写并亲自修改过的《留守兵团政治工作报告》中明确提出：“在一定的物质基础上，思想掌握一切，思想改变一切。”

中国有句古话叫作“江山易改，本性难移”，认为人的思想是很难被改变的。其实，看看当年的日本战犯就知道，人不是不可以改变的。东京审判的26个甲级战犯，没有一个认为自己是有罪的。可是被中国收押的1000多名日本战犯，在接受教育改造后，却个个认罪伏法。

时至今日，国内外学者谈到毛泽东，都对这一套思想改造术由衷地佩服。可有谁知道，毛泽东的这套管理办法也是在带兵实践中被逼出来的。

在大革命失败的低潮时期，党内及社会上有很多悲观论调。如1929年陈

① 《毛泽东选集》第二卷，人民出版社1991年版，第511页。

独秀在《论红军问题》一文中就提出，如果革命高潮不能很快到来，朱毛一类所谓的“红军”是不可能长期存在的。他甚至断言，这种“红军”没有存在价值，也没有任何前途，只能导致党内许多好同志的无谓牺牲。

从当时的环境来看，陈独秀的观点似乎不无道理。在长期的农村游击战争环境中，在缺少城市工人群众参与的情况下，无产阶级政党有没有可能不走以往农民起义军的老路，建立起一支以农民为主，却又无产阶级化的革命军队？如何建立这样的军队？这是全新的问题。不仅陈独秀持怀疑态度，就连当时实际上指导中国革命的共产国际和远在上海的中共中央，也无法给出明确答案。

其实，亲自组建这支队伍的毛泽东，对这些问题的感受更真切、更深刻。初创时期的红军成分非常复杂，加上环境恶劣，出师不利，部队的士气一度非常低落。不仅士兵和基层军官失望、彷徨，不知出路何在，就连一些指挥员也发生了动摇，不少人都开了小差。

要巩固和发展红军，最难的还不是对付动摇分子，而是如何做好留队官兵的思想工作。由于缺乏理论指导和实践经验，说不清真正的红军到底该如何建、怎样管，官兵中各种想法都有，出现了许多不良倾向。当时部队中存在着多种错误思想，如单纯军事观点、极端民主化、非组织观点、绝对平均主义、主观主义、个人主义、流寇思想、盲动主义残余等。由此可知，官兵的思想有多么混乱。

对此，毛泽东在《井冈山的斗争》中指出了解决之道：“红军成分，一部是工人、农民，一部是游民无产者。游民成分太多，当然不好。但天天在战斗，伤亡又大，游民分子却有战斗力，能找到游民补充已属不易。在这种情况下，只有加紧政治训练的一法。”①

毛泽东不仅深入官兵中间，亲自做思想工作，经常给部队讲课，旗帜鲜明地反对各种错误倾向，而且注意总结这方面的经验，使之上升为管理理论。

① 《毛泽东选集》第一卷，人民出版社 1991 年版，第 63~64 页。

“经过政治教育，红军士兵都有了阶级觉悟，都有了分配土地、建立政权和武装工农等项常识，都知道是为了自己和工农阶级而作战。”[①] 从这些论述可以看出，毛泽东已经有了注重从思想上建军，将思想教育作为管理部队基本途径的明确意识。

毛泽东关于思想建军的主张，起初并没有得到其他红军领导人的认同。他们认为，毛泽东写文章是行家里手，但打仗不是他的专业，况且他也没有带过兵，怎么能听他的呢？

朱毛会师组建红四军后，领导层内部经常围绕如何建军、如何带兵等问题，不断爆发激烈的争论。一些同志受旧军队单纯军事观点的影响，以为红军的任务与白军相仿，只是单纯地打仗，因而“军事好，政治自然就好”，不管用什么方法带兵，只要能打胜仗就行，双方各执一词。红四军到赣南后，矛盾越来越突出，直逼得毛泽东不得不离开红军领导岗位。毛泽东离开后，红四军内部思想更加混乱。不久，出击闽中和冒进东江连吃败仗，部队损失惨重。

迫不得已，红四军紧急召开了八大，但又在无组织状态下吵了三天，毫无结果。此时，一些同志决定联名写信请毛泽东回来。1929 年 10 月，陈毅连写三信，用快马送给毛泽东，并自我检讨说：“七大没有开好，我犯了错误。中央认为你的领导是正确的。四军同志盼你早日归队，就任前委书记。”毛泽东随即回到红四军。此后不久，在古田会议上，毛泽东思想建军的主张才正式得到红军各级指挥员的认可。

从毛泽东思想建军主张得以确立的过程可见，思想教育的价值并非一目了然，也不容易被人们一下子就认识到。因为思想作用于人的精神世界，其最大的特点是看不见、摸不着，投入与产出之间的关系，远不如其他工作那么直接、那么明显。

在部队，无论完成什么任务，第一步就是搞思想动员，就算再紧急的事情，也要做好大家的思想工作。

---

① 《毛泽东选集》第一卷，人民出版社 1991 年版，第 63~64 页。

例如，2008年发生的四川汶川地震,解放军部队受命紧急奔赴灾区。由于情况发生得突然,许多官兵都来不及与亲人告别,就匆忙上路了。可即便是这样,部队也不忘搞好思想动员。在飞机上、在列车上、在急驰的汽车上,指挥员会抓紧一切时间,召开党委会、支委会和党小组会,传达上级指示,明确各单位的任务,对各级各类人员,特别是党员、骨干提出要求。有可能的话,还要组织官兵讨论,谈认识,表决心。经过这样的思想动员,及时化解了各种思想障碍,激发了官兵高昂的斗志,再投入战斗,部队的精神面貌就大不相同。

思想通了,一通百通。张瑞敏就说过:“如果一个员工思想不通,你派十个人都管不住他;如果思想通了,你不用管他,他都会努力工作的。”

管理工作与思想工作,有时很难分开。前些年部队允许搞生产经营时,有一次笔者曾代表单位与一位大公司的副总谈合作。对方一见面就握着笔者的手说:“政委呀,我们可是同行。”看到笔者惊讶的表情,他解释说:“我这一上午什么都没干,全做思想工作了。外地一个分公司,一二把手闹不团结,打电话告状,我说了这个劝那个,你说这是什么工作?思想工作吧?紧接着下面一个部门,任务快完不成了,找我来泡蘑菇,说能不能给减点指标。我坚持不能减,说了半天,你说这又是什么工作?是管理工作还是思想工作?”

企业发展遇到困难时,需不需要做思想工作?有的管理者觉得思想工作太遥远,远水不解近渴,总想等经营条件改善了,再去做思想工作。其实,从我军成长发展的历史看,“环境越是艰苦,政治思想工作越要活跃。物质的东西越少，精神的东西越要多。越是在困难的情况下，越要发挥政治思想工作的威力”。相反,条件好了,压力小了,思想工作反而不容易见到成效。

邓小平同志也曾明确提出:“党的领导机关除了掌握方针政策和决定重要干部的使用外,要腾出主要的时间和精力来做思想政治工作,做人的工作,做群众工作。如果一时还不能完全做到这一点,至少也必须把思想政治工作放在重要地位上。”[①]

① 《邓小平文选》第二卷,人民出版社1994年版,第365页。

任正非就是一个思想工作的行家里手。他说,思想工作一定要做“势”,即努力造就一种强大的、拥护主流价值观的舆论氛围,明确要求组织内部从上到下要人人喊好,个个赞同。开始的时候,可能只有少数人是百分之百认同,绝大多数人会有不同程度的保留。这不要紧。“假”,也要跟着喊,只要最高管理层是真想、真说、真做,并且长期坚持下去,下面的人“假”久了,慢慢也能成真。任正非的这个观点符合人们思想变化的规律,也符合毛泽东的一贯主张。

2. 领导干部一定要学理论

毛泽东提倡领导干部一定要学理论，在延安时，他在自己的窑洞里组织了一个哲学读书会，大家觉得好，都来参加，从几个人发展到几十个人，后来读书会搬到了中央组织部的大会议室。

有人觉得军队能打胜仗就行了，又不是学校，为什么要学理论？毛泽东耐心地为大家解释："领导经常要做决策，许多人参与决策，如果大家思想方法一致，考虑问题有一个共同的思想平台，那么就容易形成一致的意见。就怕事到临头了，你一个意见，我一个意见，大家谁也说服不了谁，到最后没法做决策，或者即使做出了决策，执行起来也走样。因为心里不服啊。所以，哪怕环境再辛苦，再紧张，我们也要坚持理论学习。如果不学习，那打起仗来就不得了了，诸子百家都出来了。谁也说服不了谁，那时候再想学就晚了。"①

现在的企业家很少学理论，即使学习也是有所取舍：对胃口的就学，对不上的就不学，结果所学的都是他原来就有或感兴趣的东西。问到不学习的理由，几乎是众口一词："忙，没有时间。"

对于这种现象，毛泽东是这样看的："'没有功夫'这已成为不要学习的理论、躲懒的根据了。有问题就要想法子解决，这才是共产党员的真精神。在忙的中间，想一个法子，叫做'挤'，用'挤'来对付忙。好比开会的时候，人多得很，就要挤进去，才能有座位。又好比木匠师傅钉一个钉子到木头上，就可以挂衣裳了，这就是木匠向木头一'挤'，木头让了步，才成功的。自从木头让步以来，多

① 毛泽东：《关于整顿三风》（1942 年 4 月 20 日），载《党的文献》1992 年第 2 期。

少木头钉上钉子，把看不见的纤维细孔‘挤’出这样大的窟窿来，可见‘挤’是一个好办法。”[①]

1947年12月，中央在延安米脂县杨家沟召开会议期间，毛泽东再一次劝导当时在座的各位领导：“你们长期做实际工作，没有学习时间，这不要紧，没时间可以挤。我们现在钻山沟，将来要管城市。你一年读这么薄薄的一本，两年不就两本了嘛！三年不就三本了嘛！这样，十几年就可以读十几本，不就可以逐步掌握马列主义了吗？！”

1943年12月在中共中央书记处会议上，毛泽东还专门开列《共产党宣言》等五本著作，要求党的高级干部限期带头学习。在党的七大上，他进一步强调：“我们应该重视理论工作者，应该重视理论。什么是理论？就是有系统的知识。”

在转战陕北途中，毛泽东的书大部分被运到黄河东岸。他曾亲自开列书单，把一部分马列的书和哲学、军事著作从河东运回。这部分书多是他经常翻阅的，例如恩格斯著的《反杜林论》，列宁著的《社会民主党在民主革命中的两种策略》《共产主义运动中的“左派”幼稚病》。这些书还是1932年红军打福建漳州时收集到的，长征途中，他一直带在身边，患病时躺在担架上还坚持读。

为什么毛泽东时代部队特别出人才，许多转业官兵，能文能武，素质全面，到新的工作岗位后很快就能适应环境，打开局面，这与他们在部队期间认真学习理论是分不开的。通过理论学习，各级干部的理论水平和工作能力明显提高，实际工作中少走了许多弯路。

老电影《地道战》中有一组镜头：高家庄的民兵刚开始展开地道战时，“光防不打等于光挨打”。通过学习毛泽东的《论持久战》，他们受到启发，懂得了“只有大量地消灭敌人，才能有效地保存自己”的道理，改进了地道样式及作战方法，收到立竿见影的效果。这虽然属文艺创作，也的确是当年实际斗争的真实写照。

① 《毛泽东文集》第二卷，人民出版社1993年版，第180~182页。

事实上，真正有战略眼光的优秀企业家都很重视理论学习。笔者的一位朋友，曾在一家日本企业工作多年。她所在的公司要求课长以上的干部，每周下班后拿出两个晚上，集体研读《论语》。阅读后安排大家一起讨论，要求每人联系实际谈体会，相互切磋交流，重点谈在实际工作中如何运用。就这样学一章，讲一章，把《论语》二十章通读一遍，然后再从头来过。后来，公司干部对《论语》熟到一定程度，在开会讨论问题时，都会信手拈来几句《论语》，来证明自己的观点。这样，无论公司出台什么政策措施，就比较容易达成共识。

现代企业搞企业文化建设，就需要这样一个思想平台。员工的思想素质不是一朝一夕形成的，要靠长时期打造。平时不注意理论学习，不安排思想教育，事到临头了再去给员工讲道理，肯定效果不佳。

华为的任正非经常组织干部员工进行理论学习，从“华为基本法”的大学习、“产品开发反幼稚”的大讨论，到“无为而治”的命题作文，高层发起，自上而下，层层推进，然后全员讨论和发言，谈个人对文章的认识，最后再表表决心。每个人的发言都由秘书记录在案。

据华为内部离职员工称，这种带有明显“毛氏”色彩的理论学习，确实有神奇的功效。首先，锻炼了员工的政治头脑。那些以前不爱学习公司文件的年轻人，现在都会在第一时间阅读任正非的讲话稿或文章。因为他们明白，领导讲话的字里行间，都可能预示着某种变化，只有认真学习、深刻领会，并在行动上有所表现，才能跟上形势，顺应公司发展的要求。

对任正非的这一做法，公司内外褒贬不一。有的人觉得，领导讲话针对性强，联系实际紧，学了就能指导工作。有的人却不以为然，觉得领导讲话大都属有感而发，未必成系统。只是学习领导讲话，很难形成有理论深度的共识。

不管怎么说，要想把事业做大，企业不重视理论学习还是不行的。不能只盯着员工专业技能的提高。所谓学习型组织，绝不是单纯的技能培训机构。

[毛泽东《中国共产党在民族战争中的地位》(1938 年 10 月 14 日)一文摘录]

指导一个伟大的革命运动的政党,如果没有革命理论,没有历史知识,没有对于实际运动的深刻的了解,要取得胜利是不可能的。

马克思、恩格斯、列宁、斯大林的理论,是"放之四海而皆准"的理论。不应当把他们的理论当作教条看待,而应当看作行动的指南。不应当只是学习马克思列宁主义的词句,而应当把它当成革命的科学来学习。不但应当了解马克思、恩格斯、列宁、斯大林他们研究广泛的真实生活和革命经验所得出的关于一般规律的结论,而且应当学习他们观察问题和解决问题的立场和方法。

普遍地深入地研究马克思列宁主义的理论的任务,对于我们,是一个亟待解决并须着重地致力才能解决的大问题。我希望从我们这次中央全会之后,来一个全党的学习竞赛,看谁真正地学到了一点东西,看谁学的更多一点,更好一点。在担负主要领导责任的观点上说,如果我们党有一百个至二百个系统地而不是零碎地、实际地而不是空洞地学会了马克思列宁主义的同志,就会大大地提高我们党的战斗力量……

3. 集中开展思想教育

每当遇到重大转折关头，如国际国内形势发生重大变化、党的路线方针政策做出重要调整，或者部队受领重要任务、体制编制面临调整时，解放军都会进行广泛深入的思想教育，以统一思想认识，克服执行中的障碍。

企业同样需要如此，通过集中开展思想教育，可以解决员工思想中存在的一些共性问题，大大提高管理效率。

前几年，笔者曾经给北京一家高级安保公司当顾问，这家公司的员工多为拳击冠军训练出来的，个个武艺高强。在娱乐场所，经常会有喝醉酒的客人闹事，保安又个个年轻气盛，很容易就与客人动起手来。有一次曾打得不可开交，惊动了防暴警察，最后安保公司赔了一大笔钱不说，还有几人被判了刑。

安保是一个微利行业，这样下去可怎么行？公司老总曾想过各种办法来解决，比如罚款，以至开除，但收效甚微。后来这位老总安排中层领导培训，讲为什么不能打人，大道理、小道理一起讲，从单位讲到个人，举了很多事例。老总讲完后，再让每个中层干部挨个上台来讲，一个一个过，达不到要求的重讲。

事后，中层干部反映说："讲一遍，比听十遍还管用。"接着，由中层干部给员工讲，最后要求员工自己讲。这种集中的思想教育，立刻见到了实效。虽然员工与客人还会有一些小冲突，但马上会意识到自己的错误，并主动在会上做检讨。事实让大家认识到了，通过思想教育去解决实际工作中的矛盾和问题，比单纯罚款有效得多。

当年部队就是这样，受领一项任务后，通常都要进行动员教育，传达上级命令指示，讲清任务的性质意义，明确各单位的职责分工，提出对各类人员的

具体要求。无论任务多么紧急，这类思想动员是不可少的。

比如部队经常要组织外出野营拉练，出发前一般都要组织专门的群众纪律教育，针对容易发生的问题，明确纪律规定，提出注意事项，要求各单位拿出具体措施。这种教育时间不长，可效果不错。多年经验表明，搞不搞群众纪律教育，部队走出营门后会很不一样。

除了根据形势、任务安排的集中教育外，部队还会针对部分官兵安排一些专门教育。例如，每年新战士入伍时，都要用两至三个月的时间进行入伍教育和新兵集训，重点介绍解放军的宗旨和光荣传统，学习条令条例和部队有关规定，帮助新战士尽快实现由老百姓到军人的转变。而到了年底，部队又要安排老兵退伍教育，传达上级指示精神，介绍退伍安置政策，讲清个人服从组织的道理，通过教育，力争达到“走者愉快，留者安心”。

集中的思想教育是解放军的一项经常性工作，每年都安排有专门时间，并列入部队正式工作计划。由于长年开展教育，部队在如何组织教育方面形成了基本套路，积累了丰富经验。

一般来说，集中教育开始前，要正确领会上级意图，摸清本单位思想情况，在此基础上制订好教育计划；教育开始后，要首先搞好思想动员，讲清教育的目的意义和内容安排，对各级各类人员提出相应要求；教育过程中，要理论联系实际，有针对性地解决官兵思想问题，防止走过场；教育告一段落后，要及时进行总结，肯定收获，找出不足，总结经验，制定并落实整改措施。为增强教育效果，可以发动党团组织及军人委员会进行配合，可以将学习讨论、外出参观及开展各种活动结合起来，可以借助社会力量弥补部队师资的不足，等等。这些套路和经验，军队干部司空见惯，不觉得有什么价值。可对那些从未组织过教育活动的民营企业家，却可能是全新的东西。

现在不少企业家既不会组织思想教育，更不愿意搞教育。他们认为员工每天上班就是干活挣钱，养家糊口，哪有闲功夫听领导讲大道理。思想教育纯粹是浪费时间，搞不搞意义不大。其实，企业进行集中的思想教育大有必要。

比方说，企业发展中经常会遇到一些重大转机，需要做出涉及利益格局的调整，包括企业并购时，企业战略发生变化时，企业制度发生变化时，企业高速增长时，企业陷入困境时，等等。只有通过集中开展思想教育，妥善解决好广大员工的情绪问题，切实认识到抓住机遇、加快调整的必要性，懂得了该如何处理个人与全局的关系，才能统一思想，减少工作阻力，确保企业改革顺利进行。

再如，企业员工中难免出现一些不好的思想苗头，发展到一定程度就会形成不良风气，严重影响内部人际关系，进而影响企业的发展和稳定。解决这类问题，仅靠企业家个别做工作，往往效果不佳。通过集中思想教育，把问题摆出来，组织群众展开学习讨论，提高认识，明辨是非，效果就会好得多。

4. 解决一人一事的思想问题

一人一事的具体思想问题，显然不能靠集中教育来解决，从部队管理的经验看，要靠经常性的思想工作。

毛泽东历来重视经常性思想工作，而且很善于做部属的思想工作。

20世纪40年代初，陕甘宁边区政府遭受了前所未有的困难和危机。毛泽东后来说："我们曾经弄到几乎没有衣穿，没有油吃，没有纸，没有菜，战士没有鞋袜，工作人员冬天没有被盖。国民党用停发经费、随后经济封锁来对待我们，企图把我们困死，我们的困难真是大极了。"[①] 当时，围绕着如何渡过难关，发展边区财政经济问题，边区政府领导人之间出现了明显的意见分歧。

任弼时、朱德以及边区中央局的高岗主张依靠军队组织人民运盐和增发边币来增加收入，而时任边区政府主席的林伯渠、政府秘书谢觉哉则反对这种做法，他们认为盐的产、运、销应该在政府管理下，实行自由贸易政策，官督民运会引起民变，而增发边币只会导致边币跌价。

从1941年6月开始，毛泽东与谢觉哉、林伯渠二人进行了私下交谈。在谈话与通信当中，毛泽东没有轻易否定二人的意见，而是给出了一些积极的建议。他说："现行政策固然已出了很多毛病，但另一政策是否即毛病较少？从相对性设想，勿只从绝对性设想。"[②]

谢觉哉开始并没有接受毛泽东的意见，他两次写信给毛泽东申述自己的意见。毛泽东把谢的信件转给其他同志传阅，并告知谢本人，说："事情确需多

① 中央文献研究室《党的文献》《文献与研究》编辑部编：《史林智慧琐谈》，中央文献出版社2007年版，第3页。

② 同上书，第5页。

方交换意见，多谈多吹，才能周通，否则极易偏于一面。”他谦虚地表示：“我的经验，用此方法，很多时候，前所认为对的，后觉不对了，改取了新的观点。”①

不久，毛泽东受中央政治局之托，正式做谢觉哉的思想工作，他没有立刻召集开会，而是提出“先个别商讨，然后再开会议”是“较为有益”的办法，并再次致信谢觉哉，直率而详细地谈了自己的观点，同时吸收了林、谢两人的观点。紧接着，毛泽东和谢觉哉又谈了一次。从后来谢写给毛的信来看，他的观点已开始发生变化。

最终，在两个月后的中央政治局会议上，林伯渠当场表态支持毛泽东的观点。至此，几个月来围绕解决边区财政经济问题的争论，基本上得到了解决。

按说这个问题该告一段落了，但毛泽东再次拜访谢觉哉，并致信说：“凡人都只能根据自己的见闻即经验作为说话、做事、打主意、定计划的出发点或方法论，故注意吸收新的经验甚为重要，未见未闻的，连梦也不会作。”② 在问题已经解决后，还能深入交谈并反复说明一些道理，可见毛泽东做思想工作是何等地耐心和周到！

红军时期，毛泽东曾经把一些连队的党代表召集在一起，手把手地教他们如何做思想工作，明确提出找士兵谈话，做思想工作，是党支部的三项主要任务之一。毛泽东还要求对士兵中的八种人，即有偏向的、受了处罚的、伤兵、病兵、新兵、俘虏兵、对工作不安心的、思想动摇的，部队领导必须主动找他们谈话。为确保谈话效果，在谈话前，要调查谈话对象的心理及环境；谈话时，要站在同志的角度，用诚恳的态度；谈话后，要记录谈话的要点及其影响；等等。

在毛泽东的倡导下，我军在开展经常性思想工作方面，创造出许多生动活泼、切实有效的教育方法。例如，抓好一事一议的随机教育。即针对部队中存在的倾向性问题，抓住正反两方面的典型事例，发动群众进行深入地剖析，透过现象看本质，明确责任找原因，通过对具体事例的讨论和评议，使广大官兵见

① 中央文献研究室《党的文献》《文献与研究》编辑部编：《史林智慧琐谈》，中央文献出版社 2007 年版，第 5 页。

② 同上书，第 7 页。

微知著,明辨是非,进而举一反三,明白一些为人处事的道理。这样既解决了部队建设中带倾向性的问题,也达到了教育官兵的目的。

再如,开展社会、家庭和部队三结合的“军民共教”活动。即部队通过书信或不定期走访等形式,与战士家庭及家乡的地方政府建立联系,共同做好战士的思想工作。包括向家长及地方政府介绍战士在部队的学习工作情况,请家长配合部队做好战士的思想稳定工作;请地方政府落实优抚政策,协助解决战士家庭的实际困难;军地双方互通人才培训信息,共同培养军地两用人才;等等。

部队做思想工作,不是领导个人想做就做,不想做就放一放,而是有一套思想工作制度,包括:

思想情况汇报制度。基层官兵结合班务会和党团活动,每月向党组织或直接领导汇报一次思想,由所在班排或党小组汇总后,层层向上汇报,以便各级领导及时掌握部队思想情况。如果没有思想汇报制度,不能及时掌握部属的思想动态,那出什么事情都不奇怪。

比如 2008 年发生的东航飞行员集体返航事件,事先上级领导毫不知情。其实,事情的起因并不复杂,只是因为飞行员对待遇不满,如果及时发现,早做工作,也许根本不会产生那么严重的后果。

思想形势分析制度。在掌握基层官兵思想情况的基础上,部队要求连队党支部和营党委每月,旅团党委和机关每季度,至少要进行一次部队思想情况和管理情况的专门分析,并将分析结果逐级上报。现在地方一些单位,经常出现员工串通好了闹事,搞得领导措手不及、非常狼狈。为什么呢? 就是缺乏这套思想形势分析制度。

逐级谈心制度。一发现矛盾,领导就要及时和下属谈心。部队谈心分两种,一种是定期的,比如班长每个月,连长指导员每年,至少要找下属每个战士谈一次话。另一种是及时谈心,如当基层官兵立功受奖时要谈心,战士家乡受灾、亲人病故、婚恋受挫、患病受伤时要谈心,战士受到批评处分更要谈心。这套制度是毛泽东在古田会议时制定的。谈心起什么作用呢,比如探家前找战士谈心，要问家里有什么困难，需要组织帮助解决；一个人出差在外，交代注意事项，等等。

“重点人”帮教制度。战士都是拿枪的，管不好就会出大事，“重点人”就是容易出问题的人。部队要求，连队党支部对本单位思想基础较差、缺点较多的官兵，要做到心中有数，并指定干部、骨干专人进行帮助，包教育、包管理、包转化，一帮到底，不能让“重点人”离开视线，确保不发生案件和重大事故。

思想骨干培训制度。思想骨干是能站在领导角度、帮助领导考虑问题、主动出面帮领导做工作的人。思想骨干技术上未必是最好的，但要能和领导一条心。现在企业普遍缺少这种思想骨干，所以才会出现领导在的时候一个样，领导一出门，员工就“放羊”的现象。

其实，毛泽东时代的部队也有开小差的战士。在这种情况下，如果一个连靠连长一个人来看管，即使长了三头六臂也顾不过来。可是把骨干队伍建立起来以后，一个骨干管理三四个战士，这就好办了。当领导的都希望发出一个指令，下面一呼百应。但真实的情况是，领导发出指令，能一呼十应就不错了。可有了骨干以后，领导就有了依靠力量，就有人帮你说话，帮你做事。十个骨干动起来，每人再带动十个人，十呼百应，这样整个队伍就带起来了。

骨干不会自发产生，需要领导有意识地选拔和培养。所以，部队要求各基层单位都要建立一批以党员、班长和老兵为主的思想工作骨干，并经常给他们布置任务，传授方法。

教育整顿制度。通过教育和管理，还是难免出现少数单位管理松懈、作风松散、纪律松弛等现象。对于问题较多的单位，部队通常是由上级机关派出工作组，进行教育整顿。即集中时间和人员，学习条令条例和上级有关批示，发动群众，查找问题，分析原因，开展批评与自我批评，总结经验教训。然后，在此基础上，制定措施，边整边改，力争改变落后面貌。

解放军思想工作制度还不止这些。建立并坚持这些制度最大的好处是，有效减少思想工作的随意性，确保先进的思想文化能真正落地。

5. 解决思想问题与解决实际问题相结合

人有物质和精神两种需要,任何一种得不到满足,都会影响士气,进而影响战斗力。如果只讲大道理,不解决实际问题,思想工作就成了"无根之木,无源之水"。所以,毛泽东特别强调要"关心群众生活,注意工作方法",强调要把解决思想问题与解决实际问题结合起来。

革命战争年代,部队的中心任务就是打仗。保证战斗的胜利就是思想教育的主要任务。"一切政治工作要为着前线的胜利","整个军队的方向就是政治工作的方向",政治工作的任务只能根据部队的基本任务和当前的具体任务来确定。

在部队完成战斗任务的过程中,官兵们会出现各种思想问题。思想教育的首要任务就是解决这些问题,推动并保证业务工作的顺利完成,并在完成任务的实践中,不断提高官兵的思想觉悟。

具体而言,就是从调查研究入手,找出影响官兵思想稳定和工作热情的主要矛盾,有针对性地提出解决办法。一方面,要分清问题的性质,不要将思想问题视为实际问题,也不要将实际问题当作思想问题;另一方面,要特别注意隐藏在实际问题背后的思想问题,以及由实际问题引出的思想问题。要双管齐下,在解决实际问题的同时,做好思想教育工作,提高官兵的思想觉悟。因此,思想教育必须"伴随、渗透、结合",即伴随业务工作的全过程,渗透到业务工作的一切活动中,结合业务工作的实际一起去做。

例如,战前就要搞好战斗动员,鼓舞部队士气,树立敢打必胜信心;战场上要做好宣传鼓动工作,及时化解各种矛盾;战后要组织评功评奖,总结战斗经验等。在如何组织战时政治工作方面,解放军积累了非常丰富的经验。进入和平时期后,解放军的主要任务由打仗改为教育训练、战备执勤、科研生产、国防施工等,如何做好这些方面的思想工作,解放军也形成了系统的制度和方法。这些基本经验对企业做好管理工作,促进中心任务的完成,有直接的参考价值。

拿研究所的思想工作来举例说明。在分配任务阶段,科研工作"有肥有瘦",有的容易得奖,有的得不了奖,容易出现挑肥拣瘦的情况。思想工作做不到位,任务就分不下去。科研任务展开以后,思想工作也不能松懈,因为科研进展顺利时,容易轻敌,进展不顺利时,又容易泄气,这些问题都需要思想工作去解决。科研工作完成之后,新问题又来了,那就是评功评奖。搞得不好,一个任务也许只用一年就圆满完成,但科研成果署名排序要吵个两三年,谁都想往前排,反复开会争议,搞得不欢而散。如果思想问题能够想在前面,做在前面,工作就会顺利得多。

凡是企业文化搞得好的单位,优秀文化一定渗透到实际业务之中。如一些企业要求在每周一上午例会上,由中层干部结合实际,轮流介绍自己实践企业文化核心理念的体会。这样从上到下,人人开口讲企业文化,效果就比较明显。

现代管理学讲激励理论,通常是将人的需求进行分类,强调管理者要善于发现员工的实际需求,确定其性质,然后想方设法加以满足。其实,有时激励政策到位了,并不一定就能产生积极性。

因为人的思想是不断发展变化的。人的需求比理论描述的要复杂得多,多数情况下各种需求掺合在一起发挥作用,很难区分开。因此,单纯满足员工某一方面的需求,未必能收到理想的激励效果。

毛泽东从调查研究入手,将解决思想问题与解决实际问题结合起来,在解决实际问题的过程中,着眼于提高官兵的思想觉悟,显然更符合实际,更容易取得好的效果。

企业管理中同样存在这个问题。例如,一些企业家就常想不通:自己对员工也很关心,并舍得投入,经常拿出钱来为员工办好事、实事。可钱都发了,事情也办了，不少员工仍有意见，甚至牢骚满腹，怪话连篇，真是好心不得好报。

再如，企业提拔年轻干部，按说是对年轻人的栽培，后者应当感谢才对。可有些被提拔对象非但不领情，反而提出一大堆条件和要求，周围群众也议论纷纷，提拔了一个人，影响了一批人的积极性。这些问题原因何在？应如何解决？研究一下毛泽东的管理艺术，定能得到不少启发。

[毛泽东《关心群众生活，注意工作方法》（1934年1月27日）一文摘录]

有两个问题，同志们在讨论中没有着重注意，我觉得应该提出来说一说。

第一个问题是关于群众生活的问题。

在我们的工作人员中，曾经看见这样的情形：他们只讲扩大红军，扩充运输队，收土地税，推销公债，其他事情呢，不讲也不管，甚至一切都不管。比如以前有一个时期，汀州市政府只管扩大红军和动员运输队，对于群众生活问题一点不理。汀州市群众的问题是没有柴烧，资本家把盐藏起来没有盐买，有些群众没有房子住，那里缺米，米价又贵。这些是汀州市人民群众的实际问题，十分盼望我们帮助他们去解决。但是汀州市政府一点也不讨论。所以，那时，汀州市工农代表会议改选了以后，一百多个代表，因为几次会都只讨论扩大红军和动员运输队，完全不理群众生活，后来就不高兴到会了，会议也召集不成了。扩大红军、动员运输队呢，因此也就极少成绩。这是一种情形。

我郑重地向大会提出，我们应该深刻地注意群众生活的问题，从土地、劳动问题，到柴米油盐问题。妇女群众要学习犁耙，找什么人去教她们呢？小孩子要求读书，小学办起了没有呢？对面的木桥太小会跌倒行人，要不要修理一下呢？许多人生疮害病，想个什么办法呢？一切这些群众生活上的问题，都应该把它提到自己的议事日程上。应该讨论，应该决定，应该实行，应该检查。要使广大群众认识我们是代表他们的利益的，是和他们呼吸相通的。要使他们从这些事情出发，了解我们提出来的更高的任务，革命战争的任务，拥护革命，把革命推到全国去，接受我们的政治号召，为革命的胜利斗争到底。

要得到群众的拥护吗？要群众拿出他们的全力放到战线上去吗？那末，就得和群众在一起，就得去发动群众的积极性，就得关心群众的痛痒，就得真心实意地为群众谋利益，解决群众的生产和生活的问题，盐的问题，米的问题，房子的问题，衣的问题，生小孩子的问题，解决群众的一切问题。我们是这样做了么，广大群众就必定拥护我们，把革命当作他们的生命，把革命当作他们无上光荣的旗帜。国民党要来进攻红色区域，广大群众就要用生命同国民党决斗。这是无疑的，敌人的第一、二、三、四次“围剿”不是实实在在地被我们粉碎了吗？

第二个问题是关于工作方法的问题。

我们不但要提出任务，而且要解决完成任务的方法问题。我们的任务是过河，但是没有桥或没有船就不能过。不解决桥或船的问题，过河就是一句空话。不解决方法问题，任务也只是瞎说一顿。一切工作，如果仅仅提出任务而不注意实行时候的工作方法，不反对官僚主义的工作方法而采取实际的具体的工作方法，不抛弃命令主义的工作方法而采取耐心说服的工作方法，那末，什么任务也是不能实现的。

6. 改造外来成分:“文化注入”与“思想改造”

率兵打仗向来主张攻城与攻心相结合,通过各种方法瓦解敌军斗志,达到不战而屈人之兵的目的,是为兵法之上乘。可是,当攻心战术得手后,对起义投诚过来的部队和放下武器的战俘如何处理,一直是一个管理难题。

因为这些人当中,有的是真心归附,有的是随大流,还有的则是不得已而为之。对后者另眼相看,管得太严、太急了,会使那些真心归附者受到孤立和打击,严重的甚至会激起事变。但是,如果不加强教育和改造,这批人始终属于异己分子,随时都有哗变的可能。

历史上不少著名将领,带兵打仗很有一套,但对起义投诚部队和俘虏经常采取的手段就是杀。如春秋战国时期秦军大将白起,战场上号称是攻无不克、战无不胜,可他亲手导演了在长平一次坑杀 40 万赵国降卒的悲剧,在历史上留下恶名。翻开人类战争史,杀俘记载比比皆是。一直到民国初年军阀混战时,还发生过一次屠杀几千俘虏的事。

而毛泽东依靠思想改造,却成功地解决了这一难题。历史上解放军的迅速壮大,几乎都与对旧军队的成功改造有关。从毛泽东上井冈山改造王佐、袁文才部队开始,到 1931 年底国民党 26 路军两万多人举行宁都暴动,一直到解放战争期间争取、改造 177 万起义、投诚的国民党部队,都是如此。

解放军改造旧军队的主要办法,就是选派一批政工干部开展思想工作,包括建立党团组织,发展党员队伍,加强政治教育,提高官兵觉悟,提倡官兵平等,实行三大民主,贯彻官兵一致、军民一致、瓦解敌军的三大原则,执行三大纪律八项注意等。政治工作制度在起义投诚部队真正建立起来并切实发挥作用了，这支部队就基本控制住了。

改造旧军队最成功的案例之一，当属将国民党滇系第 60 军改造为中国人民解放军第 50 军了。

国民党第 60 军原为滇系军阀龙云、卢汉起家的部队。1948 年 10 月 18 日起义后，于凌晨撤往九台县一带等候整训。为了改造这支旧军队，中央军委派有改造该军第 184 师经验的徐文烈担任军政委、有改造原东北军第 111 师经验的辽北军区政治部主任王振乾担任军政治部主任。同时，东北军区迅速向起义部队调派干部，首先调派海城起义的党员干部，至政治整训正式开始时，共调派干部 410 人，其中海城起义官兵达 250 人以上，基本配齐了政治工作干部，并配备了部分后勤干部和少数机关干部。在快速的组织调整后，又在第 60 军中迅速展开了有步骤的思想改造运动。

第一步是发动大讨论，让每一位士兵“倒苦水”：召开军人大会，请最苦大仇深的士兵上台典型发言，而后，转入普遍的控诉运动。绝大多数士兵（包括一部分军官）都是苦出身，都有一肚子苦水。控诉运动开始后，往往是台上一人哭诉，台下百十号人跟着流泪，说到伤心之处，七尺汉子甚至号啕大哭。

诉苦运动和控诉运动之后，是“阶级自觉运动”，要求每一个官兵都必须交代自己的全部历史，尤其要反省自己在反共内战期间做过哪些对不起人民的事，对别人的罪恶也要毫不留情地揭发。当时，各营连均推荐了认识好的典型登台示范发言，然后，每个连队成立民主选举产生的讲评组，逐一讲评每个人在运动中的认识、态度和决心，以及揭露、反省问题是否彻底。

在控诉运动、诉苦运动和“阶级自觉运动”的基础上，部队又进行了战争观念教育、内部团结教育和政策纪律教育，边改造，边建设。随着教育的深入，各基层连队普遍成立了士兵委员会，实行经济民主和政治民主，各级召开的控诉大会一律由士兵委员会主持。

1950 年 10 月，这支改造过来的起义部队加入志愿军的战斗行列。在抗美援朝艰苦、残酷的战斗中，尤其在第三次战役的汉江 50 昼夜阻击战中，他们以顽强的战斗作风和辉煌的战绩，博得了毛泽东主席和彭德怀司令员的交口称赞。

为什么只要派上几个政工干部，建立一套政治工作制度，短时间内就能将一支旧军队改造成新型的人民军队？

道理其实很简单。军队的基础在士兵，武器装备大都掌握在士兵手中。只有通过开展政治工作，官兵们接受了革命道理，思想觉悟明显提高，才会自觉自愿地跟着共产党走。加上各级建立起党的组织，政工干部依靠组织，以党团员为纽带，可以直接影响和控制多数官兵。基层官兵都愿意听政工干部的话，跟共产党走，就逼着上层军官或者转变态度，积极向政工干部靠拢，听党指挥；否则就会成为孤家寡人，不得不悻悻而去。他们再想像过去在旧军队那样拉上队伍叛逃，根本不可能了。

企业兼并也会遇到类似的管理难题。两家并购企业的员工之间，必然会存在价值观的差异与冲突。此时，若大量裁员会造成人心不稳，管理层与员工难以合作；但不裁员，留下来的员工，多会因为职业命运的难以把握而迷茫、动摇，难以以积极的态度去工作。

对于企业兼并中思想文化不相容的难题，许多西方管理学家望而却步。韦尔奇就主张：如果并购的企业之间文化差异很大，那么就不要冒这个险。这一观点很大程度上源于1986年GE的一桩并购失败。在韦尔奇的坚持下，GE曾兼并了一家专门从事投资业务的基德公司，事前只考虑双方业务上可以互补，兼并后才发现基德公司的企业文化与GE格格不入，给韦尔奇带来了无穷无尽的烦恼，后来不得不把这家公司卖掉了事。

而海尔的张瑞敏，通过学习借鉴毛泽东的管理思想，成功兼并了一个又一个的企业。他说："海尔兼并成功的主要原因是，我们把海尔的思想文化移植到这些企业中去了。一般兼并企业第一个去的都是财务部门，我们第一个去的是企业文化中心。"海尔的"文化注入"与毛泽东的"思想改造"有异曲同工之妙。

张瑞敏用"休克鱼"这个形象的说法来比喻那些导致企业停滞不前的思想观念。他提出把海尔的先进管理思想注入被兼并企业，"激活休克鱼"。一旦思想为被兼并企业的员工所接受，并按照相应的原则开展工作，兼并工作就会变得简单、容易。

以海尔集团兼并安徽黄山电视机厂为例。兼并后没多久，电视机厂就有职工开始闹事，最后闹到罢工的地步。黄山电视机厂的职工认为：第一，他们忍受着一套严格的企业管理制度的束缚，丧失了原先计划经济时代的自由，要为自由而战；第二，海尔没有给他们相应的经济利益，所以，他们要“革命”，要罢工。

面对闹事、罢工的严峻局面，海尔集团老总张瑞敏派人组织黄山电视机厂的职工“无限期”地进行大讨论，什么时候讨论清楚了再工作。讨论什么呢？在市场经济的条件下，首先职工要弄懂一个基本道理：即使是“国企”的“主人翁”，是不是也得听“上帝”的。谁是企业的“上帝”？那就是广大的消费者。企业的产品不可能像计划经济时代一样，我生产什么，人民就要消费什么。张瑞敏提出了谁为员工发钱的问题。“我们的工资是客户发给的，不讲求质量，不生产出好产品来，就不能得到市场的认可，也就没有人给我们的职工发工资。”“无限期”讨论只进行了三天，电视机厂的大多数职工便认识到，再像以前那样，企业就无法参与市场竞争，就无利可图，活不下去，最终非垮台不可。最后职工们主动复工了。

后来，美国哈佛大学将这一兼并成功案例写入它的企业管理案例库。

7. 五种倾向、一种情绪和两个不会

由于认识问题没解决，企业思想文化建设方面存在着一些不正常的现象，概括起来就是：五种倾向、一种情绪和两个不会。

第一种倾向，只讲培训，不讲教育。

近些年，许多企业都很重视员工培训，为此不惜投入重金。可结果往往是只抓培训，不抓教育，结果人才培养出来后，或者漫天要价，或者一走了之，企业白忙乎一场，"为他人作嫁衣裳"。

只讲培训，不讲教育，恐怕与西方管理理论有关。一些西方管理学家谈到思想，也讲得含含糊糊，甚至自相矛盾，如德鲁克。一方面，德鲁克强调人需要自我改造："在漫长的人生周期内，人也会改变。我们会有不同的需求、能力和远景目标。因此，人们也需要'自我改造'。"可另一方面，德鲁克又坚决反对管理者影响员工的思想，认为"管理者的任务不是去改变人"。

为什么同是管理大师，毛泽东特别强调管理者的教育职能，德鲁克却反对管理者去影响、改变人呢？这恐怕与东西方文化的差异有关。在西方文化结构中，宗教起着重要作用，对人的思想品德教育主要借助宗教来进行。虽说近代以来，西方人也强调"上帝的归上帝，恺撒的归恺撒"，可思想道德这一块，明显推给了上帝。一般来说，世俗组织的管理者是没有权力影响他人思想的。在西方，如果有哪位企业家明确表示要改造员工，极有可能受到质疑或惹上官司。而在中国，情况完全不同。中国人大都没有虔诚的宗教信仰，需要从社会生活中去寻找人生的价值和目标。所以，自古以来就有"善政不如善教"之说，认为再好的管理手段也不如思想教育。

第二种倾向，只讲沟通，不讲灌输。

一些管理者不讲教育，改讲沟通，认为沟通也就是思想工作。可细分析起来，沟通与教育还是有明显区别的。一般来说，沟通仅指双方交换意见。即使是最充分的沟通，也很难保证各方最终能够形成一致看法。而思想教育是管理者有意识地影响被管理者的世界观、人生观、价值观，即为通过沟通达成一致提供一些大前提。

管理过程中明显存在着一种规律性现象，笔者称其为“思想工作的三段论”，即通过长期思想教育，使全体成员形成某种共识，是思想工作的大前提；遇到具体问题时，领导讲清楚处理意见及与共识的关系，相当于给出思想工作的小前提；部属接受了大前提与小前提，自己就会得出该如何行事的结论，并且自觉自愿地付诸实践。而思想教育所要解决的，就是帮助员工接受企业的理念，为思想管理确立大前提。如果没有这个大前提，当出现问题时再去给员工讲道理，后者很可能会说：“少来这一套！大道理我比你懂得多。”

第三种倾向，只讲心理，不讲思想。

近几年，许多人回避思想，特别是不讲政治思想，而一味地强调人的心理，尤其是人的潜意识、下意识。无论是行为科学，还是企业文化，都存在这种倾向。

例如，美国著名管理学家、《组织文化和领导》一书的作者沙因就认为，真正的企业文化隐藏在人们的潜意识中。台湾一管理学家说得更绝：“事实上，一个人的想法，有百分之九十是受潜意识控制。”其实，正常人的多数行为主要还是由意识、理性支配的。掌握了人的思想及其变化规律，可以直接影响人的思想，进而引导人的行为。而不讲思想和思想工作，一味追求心理层面的东西，只能是舍本求末。

例如，现在许多单位都组织员工参加拓展训练，以为这是培养员工团队精神的一个好办法。虽然通过活动，可以使参加者实际感受到齐心协力的重要性，对团队精神的培养有帮助。可不参加此类游戏，难道员工就不懂得团结的重要？很难想象原来协作精神较差、经常发生矛盾的单位或个人，通过一两次拓展，马上就变团结了。从解放军情况看，真正的团队精神还是要靠长期的思想教育，靠在团队生活中摔打磨炼。

第四种倾向，只讲价值观，不讲世界观、人生观。

现在许多企业提倡奉献精神，可员工是否愿意奉献，与他们对人生的看法有关；而他们对人生的看法，又与对整个世界的认识分不开。因为，一个人接受什么价值观，主要由人生观决定，而人生观又受世界观的影响。加强企业文化建设，就价值观讲价值观，不讲世界观、人生观是不够的。这样不仅讲起来缺乏深度，空泛无味，即便讲清楚了，听的人也未必能够真正接受。

西方文化是坚决反对管理者去影响员工人生态度的。他们认为，那样将导致员工自我的丧失，是一种精神奴役。因为，从根本上说，人是上帝的创造物，只有上帝才有权利改变人。东方没有造物主的概念，认为人本身就是社会文化的产物，是需要而且能够加以教育和影响的。青少年时期，人们主要是受父母、亲友和老师的影响，进入社会后，单位领导也就是管理者则需担起这份责任。管理者帮助员工树立正确的世界观、人生观，不仅不是“越权”，而且是对部属的最大爱护。

第五种倾向：只表扬，不批评。

毛泽东用灰尘形容外界环境影响下出现的思想毛病，强调“扫帚不到，灰尘照例不会自己跑掉”，主张在充分肯定官兵思想主流，在大力宣扬好人好事的同时，要拿起批评与自我批评的武器，通过积极的思想斗争，主动解决这些矛盾。

为此，他专门写下《反对自由主义》一文，列举革命队伍内部经常出现的不良倾向，分析其原因及解决办法，明确表示反对“明知不对，少说为佳，明哲保身，但求无过”。在毛泽东的倡导下，斗争性成为解放军思想工作的一大特色。在如何正确开展思想斗争方面，解放军也积累了不少经验教训，如“团结—批评—团结”的方针等。

现在有许多管理理论强调人都爱听肯定、赞扬的话，不大爱听相反的意见。要想调动员工的积极性，管理者应该多表扬，少批评，最好是不批评。受此影响,现在许多管理者在工作中奉行“好人主义”,干什么工作都是你好、我好、大家都好,从来不批评部属。

这种观点看似有理,实际上是一种误导。因为,矛盾普遍存在,优秀文化建立的过程中必然充满矛盾和斗争。作为领导,只表扬,不批评,先进思想文化就不可能得到发扬,歪风邪气也得不到有效抑制。

任正非就曾抓住有人反映华为员工出差住宾馆时用毛巾擦皮鞋的事例,在内部报纸《华为人》开展“丑陋的华为人”的大讨论,发动员工举一反三,开展批评,以此来提高员工的道德修养。再如,日本一些公司提出十条道德诚信原则,要求员工每周召开班组会,每个人就诚信问题进行对照检查,相互之间开展批评与自我批评。

所谓“一种情绪”,就是指看不到思想教育的艰巨性、复杂性,急于求成。而一旦达不到目的,便对思想教育失去信心。

企业家在思想教育问题上常遇到的困惑是:已认识到思想教育的重要性,有时也想下功夫认真抓一抓,可是经过一段时间的努力,实际效果并不明显,便又开始松懈下来。

笔者在北京大学国学智慧总裁班讲课时,曾经和一位企业家交流。他说:“听了您的课,我觉得受益匪浅,也意识到思想教育的重要。不过,我在企业做了不少思想工作,总觉得效果不明显。这是为什么?”

笔者认为,这属于正常现象。人的思想改变大都有一个过程,通过讲一两节课,或者组织一两次活动,就指望彻底改变员工的精神面貌,是不现实的。只有长期教育,锲而不舍,持之以恒,才有可能见到成效。

也就是说,思想教育的效果有点类似中医,它是治本的,故需要较长时间。管理者如果追求立竿见影,应该去找“西医”,如泰勒制等。“西医”倒是来得快,不过副作用也大。如果管理者真想治本,真想打牢企业的思想根基,那就不能着急,要有打“持久战”的思想准备。

无法立竿见影是思想教育的特点,也是其优点。因为,一旦功夫到了,员工思想素质发生了变化,其作用将是全面、持续而深远的。即使被竞争对手察觉,对方想要模仿,短时间内赶上来也没有可能。这也正是企业文化看上去简单,却被人们视为企业核心竞争力的主要原因。

所谓"两个难题",就是指当前企业思想教育既不知道讲些什么,也没有人能够讲清楚。前者,主要指企业文化建设需要理论指导,部分企业家却拿不准该用什么理论做指导。因为,企业文化建设不同于其他管理。其他方面的管理理论,只要揭示出某项具体工作的规律,对实际问题的解决有帮助就可以了。而企业文化涉及为公司的理念系统提供依据,所需要的理论显然要深厚得多。要想把企业经营管理理念,特别是核心价值观讲深讲透,让员工真正理解和接受,必须有一整套科学的世界观和方法论作为支撑。换句话说,当前企业文化建设急需解决的,恰恰是明确"指导我们思想的理论基础"究竟是什么。

有了正确的理论,还需要善于传播思想文化理念的专门人才。现在企业家队伍中这方面的人才不多,这与他们的成长经历有关。改革开放以来,国内经济发展很快,企业生存环境比较宽松,一些企业或靠胆大,或靠关系,或靠技术,很快就发展起来,完成了资本的原始积累。所以,多数企业家业务上是一把好手,可不大会做人的思想工作。加上工作忙,压力大,也没时间去学习和思考。

好多企业家自己搞不了思想教育,只好请管理咨询公司来帮忙,但是也会遇到困难。要想解决"企业文化怎样落地"的问题,必须抓好"六个一",即一套理念、一本教材、一套规范、一套制度、一批典型和一支队伍。其中首要的工作是提炼文化理念,将这些理念灌输给员工。提炼可请专家帮助,但灌输却需依靠自己的力量。因为后者是一个长期的过程,不可能始终借助外力来完成。

[毛泽东《反对自由主义》(1937年9月7日)一文摘录]

我们主张积极的思想斗争,因为它是达到党内和革命团体内的团结使之利于战斗的武器。每个共产党员和革命分子,应该拿起这个武器。

但是自由主义取消思想斗争,主张无原则的和平,结果是腐朽庸俗的作风发生,使党和革命团体的某些组织和某些个人在政治上腐化起来。

自由主义有各种表现。

因为是熟人、同乡、同学、知心朋友、亲爱者、老同事、老部下,明知不对,也不同他们作原则上的争论,任其下去,求得和平和亲热。或者轻描淡写地说一顿,不作彻底解决,保持一团和气。结果是有害于团体,也有害于个人。这是第一种。

不负责任的背后批评,不是积极地向组织建议。当面不说,背后乱说;开会不说,会后乱说。心目中没有集体生活的原则,只有自由放任。这是第二种。

事不关己,高高挂起;明知不对,少说为佳;明哲保身,但求无过。这是第三种。

命令不服从,个人意见第一。只要组织照顾,不要组织纪律。这是第四种。

不是为了团结,为了进步,为了把事情弄好,向不正确的意见斗争和争论,而是个人攻击,闹意气,泄私愤,图报复。这是第五种。

听了不正确的议论也不争辩,甚至听了反革命分子的话也不报告,泰然处之,行若无事。这是第六种。

见群众不宣传,不鼓动,不演说,不调查,不询问,不关心其痛痒,漠然置之,忘记了自己是一个共产党员,把一个共产党员混同于一个普通的老百姓。这是第七种。

见损害群众利益的行为不愤恨,不劝告,不制止,不解释,听之任之。这是第八种。

办事不认真,无一定计划,无一定方向,敷衍了事,得过且过,做一天和尚撞一天钟。这是第九种。

自以为对革命有功，摆老资格，大事做不来，小事又不做，工作随便，学习松懈。这是第十种。

自己错了，也已经懂得，又不想改正，自己对自己采取自由主义。这是第十一种。

还可以举出一些。主要的有这十一种。

所有这些，都是自由主义的表现。

第三章

群众路线是制胜法宝

——得人心者得天下

在市场竞争越来越激烈的网络时代，企业要想获得生存和发展，就要充分调动每一位员工的积极性、主动性和创造性，最大限度地集中群众智慧，形成团队的力量。而要做到这一点，毛泽东提倡的民主管理就是一种事半功倍的好办法。

1.“军民团结如一人，试看天下谁能敌”

集中优势兵力，各个歼灭敌人，是毛泽东兵法的要诀。可是，以多打少容易打赢，古今中外的兵书中可以找出许多例证，根本不是毛泽东的新发现、新创造。这么简单的道理，难道国民党将士就不懂？

据可靠资料记载，蒋介石在败退台湾前后，曾多次开会总结对共产党作战失利的教训，其中很重要的一条就是：“我们在进攻中虽然占领了许多城市，却要处处设防，尤其是交通要点和后方基地更需置重兵据守，每处至少布置一团以上兵力，我们的兵力就这样被四处分散，并且都成了不能机动使用的‘呆兵’，而共军则能随时集中主力，采取主动，在我们正面积极活动，伺机突袭，将我各个击破。”①

由此可见，毛泽东明白的道理，蒋介石同样懂得。蒋介石唯一不明白的是，为什么共产党的军队无论占领城市还是农村，都不用分兵把守？

可见，明白道理是一回事，善于运用是另一回事。因为，集中兵力各个歼敌是需要条件的。革命战争年代，在敌强我弱的总态势下，毛泽东的部队之所以能相对集中兵力，取得各个击破敌人的胜利，是因为得到了人民群众的大力支持。所以，毛泽东说：“军民团结如一人，试看天下谁能敌？”

在领导中国革命走向胜利的过程中，毛泽东一再强调：“人民群众是战争胜负的决定力量。”“群众”在毛泽东心中的分量到底有多重？对于这个问题，不妨从历史的点滴中探寻一番。

---

① 张开森：《蒋介石对军事失败的检讨》，《炎黄春秋》2004（10）：29~30页。

北伐期间，毛泽东从向群众调查研究入手，宣传相信群众，依靠群众，放手发动和组织群众，开展群众斗争的思想。尤其是在大革命失败后，党正是在白色恐怖和根据地反“围剿”的残酷斗争中，在同人民群众结成血肉相连关系的过程中，逐步形成了群众路线。

以后，毛泽东多次提出一切工作要经过群众路线去执行的思想，并一再强调群众路线的重要性。他说：“真正的铜墙铁壁是什么？是群众，是千百万真心实意地拥护革命的群众。这是真正的铜墙铁壁，什么力量也打不破的，完全打不破的。反革命打不破我们，我们却要打破反革命。在革命政府的周围团结起千百万群众来，发展我们的革命战争，我们就能消灭一切反革命，我们就能夺取全中国。”[①] 毛泽东的对手都没有认清这个道理，或虽有认识，但找不到赢得民心的办法，所以才一个个败下阵来。

抗日战争初期，根据中央决定，由八路军 115 师抽出部分部队和干部组建晋察冀军区，在聂荣臻司令员的率领下，开展敌后游击战争。当时晋察冀军区处于平汉、正太、同蒲、平绥四条铁路之间，直接威胁北平、天津、石家庄等大城市，是敌人的心腹之患。因而军区一成立，很快就遭到敌人的围剿和扫荡。可就这么一支人数不足三千，装备严重不足，甚至连过冬的棉衣都没着落的部队，在短短几年间就发展到几十万人，开辟出北到古长城、南到石家庄、东临渤海湾、西至同蒲线这样一块幅员广阔的敌后战场，成为令敌人胆寒的模范抗日根据地。

当年，不少国际友人来晋察冀军区访问时，都向聂司令员提出同样的问题：为什么在敌人的四面包围和反复扫荡下，在远离后方，得不到任何枪支、弹药和物资接济的条件下，你们能够坚持抗战，而且队伍不断壮大？

聂司令员回答说：“这没有什么可奇怪的，关键的一条，就是发动群众，把人民群众充分发动起来，我们就有了赖以生存的基础，这就是我们从小到大，

① 《毛泽东选集》第一卷，人民出版社 1991 年版，第 139 页。

从弱到强,不断发展巩固的‘奥秘’所在。”[①]

他举例说,有史以来,军队筹粮都是大问题,即所谓“兵马未动,粮草先行”。部队不仅随时需要粮食,还要有地方储存。可在敌后根本不可能建大型仓库。因为敌人扫荡时,连八路军修建的厕所都要毁掉。

怎么办?八路军就是依靠群众解决了这一难题。那时,每年征集的公粮并不集中存放,而是分片储存在一些群众条件较好的村子里,由当地政府和人民群众代为保管。部队走到哪儿,只要找到当地的粮秣主任,拿出边区政府发的粮票,就可以得到所需的粮草。这种供给方式,真是千古未闻。如果没有广大人民群众的全力支持,恐怕连想都不敢想。

又如,解放战争中著名的淮海战役,战前解放军兵力 60 万,蒋军为 80 万。可几个月下来,却以解放军歼敌 55 万,取得彻底胜利而告终,被公认为世界战争史上的奇观。解放军胜利的原因是多方面的,人民群众的大力支援是重要因素之一。据统计,淮海战役的支前规模空前绝后,参战民工达 540 万人。有人推算,如果当年将运粮小车排成五行,可以从北京一直排到南京。难怪陈毅元帅动情地说,“淮海战役的胜利,是人民群众用小车推出来的”。

原国民党军队五大主力之一——第 18 军的军长杨伯涛,战前曾率兵经过豫皖地区,当时的感觉是“军行所至,鸡犬一空”,他以为这是黄河改道等地理因素造成的,并没有在意。可几个月后,他当了解放军的俘虏后再过此地,却看到沿途几十里,到处熙熙攘攘,行人如鲫,家家开户,处处炊烟,数不清的老百姓在为支援前线而奔忙,不由得感慨万千,似乎悟出了为什么国民党兵力占优、装备精良,却总是打败仗的道理。

成功的管理者都懂得,群众绝不是一种工具,其主动性、积极性和创造性将对企业生存发展产生巨大的作用。正如张瑞敏所言:“企业说到底就是人,管理说到底就是借力。你能够把许多人的力量集中起来,这个企业就成功了。”

---

① 刘永明:《聂荣臻兵法》,中原农民出版社 1995 年版,第 10 页。

2. 毛泽东真的用兵如神吗

很多人有一种误解，认为解放军打胜仗，就是靠毛泽东，毛泽东用兵真如神。实际上并不全是这样。毛泽东并不是能掐会算的神仙，他在指挥人民军队的过程中，每逢需要作出重大决策时，都十分注意听取各方面的意见，并根据各方的建议，及时修正决策，使作战部署更加符合战场实际需要。

比方说，解放战争初期，国民党军队沿津清、平汉、同蒲、平绥四条铁路对华北解放区大举进攻。毛泽东曾电令晋冀鲁豫军区的部队南下歼敌。可刘伯承、邓小平根据战场形势，提出最好是集中兵力歼击北进之敌。意见报到中央军委后，得到毛泽东的认可，于是才有上党、邯郸战役的重大胜利。

再如，举世闻名的淮海战役是由时任华东野战军代司令员兼代政委粟裕最先提出的，毛泽东认为“甚为必要”。战役顺利展开后，毛泽东曾提出第二阶段作战应以华东野战军兵力连续作战，歼击邱清泉、李弥兵团，并相机夺取徐州。由邓小平、刘伯承、陈毅等人组成的总前委从战场实际出发，向中央军委建议，让华东野战军休整，由中原野战军歼灭黄维兵团。毛泽东采纳了总前委的这个意见，调整了作战部署，保证了淮海战役的圆满成功。

毛泽东这种虚怀若谷的作风，与蒋介石刚愎自用，总认为自己高明，固执己见，一意孤行，因而在战场上总打败仗，形成了鲜明的对照。

1948 年 8 月，在国民党召开的军事检讨会上，蒋介石总结解放战争两年多来国民党军队一败再败的经验教训，作了一个回顾讲话，将两年来失败的责任全推给下边，认为都是因为前线将领贪生怕死，指挥无能。与会高级将领表面上唯唯诺诺，可会下发牢骚：作战无论大小，蒋介石一手包办，坐在南京，凭过时的情报，在图上指挥，干涉小至一个师的行动。下级明知错了，也不得不执行，以免负责。这样的指挥，除失败外是没有第二条出路的。

经常被蒋介石视为心腹的张治中曾说过："我这个人跟国民党蒋介石的关系 25 年之久，我作为国民党中央常务委员也有十几年之久，我就从没听说过蒋介石讲过自己的缺点、错误。不论在大会上、小会上，他总是骂街，骂这个人不对，骂那个人不对。""国民党开全国代表大会的时候，他也在大会上骂人。当时会场上不晓得什么人写了一个条子，写了两句话。这两句是《书经》上的：'万方有罪，朕躬有责'，蒋介石把它改成'朕躬有罪，万方有责'。这句话传遍了会场。"①

一个人的智慧总是有限的，领导者所能掌握的情况，所具备的实际经验更为有限。通过民主管理这种形式，把他们的合理意见集中起来，许多困扰管理者的难题都可以迎刃而解。套用部队的一句老话，"千难万难，充分发动群众，把群众智慧集中起来就不难"。

毛泽东认为领导干部讲"民主"，是关系组织生死存亡的重大问题。黄炎培写了一篇《延安归来》的日记，其中谈到与毛泽东就这个问题的一番对话：

"有一回，毛泽东问我感想怎样？我答：我生六十多年，耳闻的不说，所亲眼看到的，真所谓'其兴也渤焉'，'其亡也忽焉'，一人，一家，一团体，一地方，乃至一国，不少单位都没有能跳出这周期率的支配力。中共诸君从过去到现在，我略略了解的了。就是希望找出一条新路，来跳出这周期率的支配。"

"毛泽东答：'我们已经找到新路，我们能跳出这周期率。这条新路，就是民主。只有让人民来监督政府，政府才不敢松懈。只有人人起来负责，才不会人亡政息。'"

后来，在 1962 年召开的中央工作扩大会议上，针对党内一些干部缺乏民主作风的现象，毛泽东说："有这样的情况：一切事情，第一书记一个人说了就

① 中共中央文献研究室编：《毛泽东传 1949-1976》，中央文献出版社2003 年版，第1214 页。

算数。这是错误的。哪有一个人说了就算数的道理呢?我这是指的大事,不是指有了决议后的日常工作。只要是大事,就得集体讨论,认真地听取不同意见,认真地对于复杂的情况和不同的意见加以分析……尽可能地慎重一些,周到一些。如果不是这样,就是一个人称霸。这样的第一书记,应当叫做霸王。”

接着,毛泽东讲了楚霸王项羽独断专行,以致败死乌江的故事,他说:“从前有个项羽,叫做西楚霸王,他就不爱听别人的不同意见。他那里有个范增,给他出过些主意,可是项羽不听范增的话。公元前204年初,项羽兵围荥阳,截断汉军粮道,刘邦的形势非常危急,于是派使臣向项羽议和,提出以鸿沟为界,以东归楚,以西归汉,就此罢兵,分而治之。项羽心动,想罢兵东撤。范增进言道:‘刘邦即将兵败,今日不取,日后必悔。’这时,生性多疑的项羽又中了反间计,怀疑范增私通刘邦,范增愤而离去。项羽失去了一位得力的助手,最终兵败,自刎于乌江。”后来,毛泽东特别批示,将《史记》中的《项羽本纪》“送各同志一本”,以史为鉴。

当然,毛泽东本人未能将这种虚怀若谷的作风保持终身。尤其是到了晚年,他行动不便,深居简出,听不到群众呼声和不同意见,听到后也很难接受,因而犯下一系列错误。党内正常的民主生活因此遭到破坏,教训十分深刻。可见,管理成败与领导者的民主作风有很大的关系。

不少优秀企业家非常重视民主管理,索尼公司的创始人盛田昭夫说过:“日本企业十分注重走群众路线。”“我始终认为,让职员们参加公司长期计划的制订工作,集思广益,献计献策,虽然为开各种会议难免花去大量的时间,但公司的经营却受益不浅。”

杰克·韦尔奇在自传中强调,管理GE的一个重要的工作方法是“打滚”,也就是当经营管理中遇到难题时,“把一大群人召集在桌子旁,不管职位高低,大家一起就某个困难问题进行急诊”。韦尔奇认为,这样就可以实现“集体智慧最大化”,“让每一位员工全身心投入到工作中来是CEO最主要的工作”。他说:“没有什么比这一点更重要了。我把自己比做海绵,吸收并改进每一个好点子。”

在《赢》一书中，韦尔奇又写道，类似这样的“群策群力”活动，GE组织了几万次，现已成为公司解决实际困难的一种普遍方式。“都是因为有了上面的业务讨论会，我们才拥有了员工的头脑。”“‘一切由老板说了算’的企业文化已经一去不复返了。”

每一家企业发展到一定规模，肯定都有过“过五关、斩六将”的辉煌历史。以往的成功很容易使企业家自信心膨胀，产生骄傲自大情绪，认为自己高人一筹，无所不能，这往往为日后的失败埋下伏笔。所以，在商场上纵横驰骋、春风得意的企业家，需要从毛泽东一生的经验和教训中汲取管理智慧。

3.大家想办法,人人出主意

关于如何调动人的积极性,管理学进行了大量研究,提出过各种解决办法,可实际工作中,管理者仍感到招数不够用,效果不理想。其实,毛泽东有一个花钱不多但效果明显的好办法,那就是“大家想办法,人人出主意”。

在红军长征过乌江的时候,就遇到过难题。部队渡江要架桥,可乌江浪大水急,按常规的架桥方法,不管多大的石头,一放上去,就被河水冲跑了。怎么办呢？部队就开“诸葛亮会”,大家一起想办法。很快这个问题就解决了。

事实证明,解放军实行军事民主以后,产生了极大的战斗力。新中国成立前夕,曾有人问周恩来,为什么蒋介石飞到哪里,哪里就打败仗,毛泽东天天坐在陕北,共产党却处处打胜仗。

周恩来揭开了其中的奥秘:“我们的军队不但在政治方面是民主的,而且在军事方面也有民主。我们有时甚至还准许士兵讨论作战命令。每个战斗小组都开‘诸葛亮会’,取‘三个臭皮匠,赛过一个诸葛亮’之意。上级命令不可能很具体,下到连队后,战斗小组就开‘诸葛亮会’讨论如何具体执行,这样充分发挥了士兵的积极性和创造性。这在短兵相接的今天,更是特别需要。”

周恩来举了一个例子,他说:“淮海战役中,敌人的工事星罗棋布,但一夜之后,情形变了,我们的工事包围了他们的工事。士兵们设法钻过敌人的工事,破坏它,而建立起自己的工事。打仗还要靠炸药,但这些物质的死的东西要靠活人来使用。没有士兵的勇敢和智慧,炸药也就没有用处。”①

① 中国人民解放军总政治部宣传部编著:《发扬优良传统,保持老红军本色》,国防大学出版社 1993 年版,第 164 页。

抗美援朝战争也是如此，开始时志愿军没有任何空中掩护，没有高炮和飞机，也没有雷达，所以入朝参战初期，只能白天在树林中待着，晚上出来行军打仗。运输军车由于没有掩护，100 辆车上去，中途就有 40 辆车被摧毁，造成部队给养十分困难。志愿军必须攒够一个星期的弹药干粮，才敢发起一次冲锋，打到第七天，就得马上转入防守。

一开始，美军不了解这个情况，后来摸到了志愿军的弱点，变狡猾了。志愿军一打就跑，等打到第七天志愿军弹尽粮绝时，美军便开始反扑。可在朝鲜战争后期，解放军的后勤补给大大改善了。其中一个重要原因，就是发动群众想了许多土办法，解决了给养困难。例如，每个山头放几个瞭望哨，一旦飞机来了，就打信号枪，通知运输车躲到防空洞里，等飞机走了，车队再继续行进。当时，有十个团一万多人执行这个放哨的任务。这个土办法很见效，抗美援朝后期，一百辆运输车上去，被摧毁的不到百分之一。

所以，后来在总结抗美援朝战争经验时，毛泽东特别提出，领导正确只是夺取胜利的因素之一，“而最主要的因素是发动群众出主意，想办法”。

朝鲜战场上志愿军许多新战法，都是发动基层官兵出主意、想办法创造出来的。比如被称为“地下长城”的坑道工事和坑道攻守战术，在敌机连续轰炸下保持畅通的“钢铁运输线”，把美国飞机的“空中优势”打成“空中忧事”的群众性对空射击活动，使美国兵在三八线上坐立不安的狙击战——“零敲牛皮糖”，等等。

贺龙元帅专门写文章进行过总结。他说：“许多外国人乃至一些中国人，总是不能懂得解放军的手榴弹怎么会制服了坦克？木船为什么会打败了军舰？没有大炮，怎么会炸开了坚固的城墙和钢骨水泥的碉堡？如此等等，一连串的解不开的‘谜’。其实，这一切奇迹之所以能够创造出来，除了靠我们部队高度的政治觉悟和勇敢精神而外，主要的就是靠了个‘大家想办法，人人出主意’的军事民主。这就是我们的‘秘密’。”①

① 解放军政治学院政治工作教研室编：《军人基层政治工作优良传统丛书——民主和纪律》，解放军政治学院出版社 1985 年版，第 189 页。

这个秘密，国民党也不是不知道。1948 年 6 月，面对战场上的接连失败，蒋介石曾组织国民党军队 120 多名高官，召开了一次军事检讨会议，分析战场失利原因，研究如何"取匪之长，补我之短"，提出《增强作战意志之决定》，其中有八条改进方法，第八条就是，学习共军实行军事民主，不但经济公开，赏罚公断，并应于每次行军作战以后由官兵分别对所担负之任务做详尽之检讨，以求改正错误，砥砺未来。当然，意识到了是一回事，能否做到是另外一回事。国民党军队的本质，决定了它不可能有真正的民主。

民主管理在调动积极性方面的作用，很值得企业管理者重视。现在许多老板常抱怨手下员工素质不高，缺乏主人翁意识，工作不尽心尽责，给多少钱，干多少活，甚至给了钱也不想干活，能偷懒就偷懒。其实，出现这种状况不能全怨员工。主人翁意识不是天生的，也不全是教育出来的，而是企业现实的反映。如果企业的一切都由老板个人说了算，员工没有任何民主权利，对各方面事务没有发言权，怎么可能产生主人翁意识？

4. 民主究竟是谁说了算

在实行民主管理过程中，容易出现一种极端民主化的思想倾向。有的干部会说，好了，民主管理了，我省事了，大家看着办吧。于是放弃职责，甘做群众的“尾巴”了。而有的员工也认为，民主管理了，那什么都得听我们的了，我们说什么就是什么，领导要是不听我们的，那就是不民主。

井冈山时期，红军成立士兵委员会，大小事情都由委员会决定，甚至没收地主一个鸡蛋，也要由士兵委员会分配。还有些红军部队甚至取消了专职的炊事员、饲养员，要求指挥员和战士一起，轮流做饭喂马、站岗放哨。马匹只分给骑兵、交通员和病号，而指挥员不能骑。一场战斗下来，士兵委员会要评价指挥员的表现，如果多数人认为指挥得不好，这个指挥员就当不成了。

当时，许多士兵包括相当一部分军官都认为，这样做就是“充分发扬民主”，是公平合理，符合无产阶级军队性质的。红四军第八次党代表大会，就受到这种思想的影响，结果会上各人谈各人的意见，争来吵去，始终形不成任何决议。这实际上是红军初创阶段民主思想不成熟的表现。

针对上述问题，毛泽东指出，民主并不是大家说了算，而是集中指导下的民主。在古田会议上，他分析了极端民主化的危险在于损伤以至完全破坏党的组织，削弱以至完全毁灭党的战斗力，使党担负不起斗争的责任，由此导致革命的失败。

毛泽东主张，军队是执行战斗任务的武装集团，必须保持高度的集中和统一。因此，军队的民主应该少于地方。军队的民主是“集中指导下的”民主，是“有一定限度的”民主。

具体表现在:军队内部的民主生活,必须在党的领导下,在一定时间、场合和范围内进行。从活动方式说,应由党委、支部根据民主制度召开各种会议,组织官兵行使自己的民主权利,而不是脱离党委、支部的领导另搞一套。从时间方面说,是在上级形成作战决心之前和作战结束之后,而不是任何时候都允许发表不同意见。从程度方面说,官兵行使民主权利不能代替各级领导的指挥和管理。如连队的军人委员会是协助连首长管理好伙食,而不是直接管理伙食。毛泽东特别强调,并不是任何时候、任何情况下,对任何问题的决策,事先都要征求群众意见,“军队在作战时和情况需要时,首长有临时处置之权”①。

近年来,有好多企业老总似乎也意识到了民主的好处,但在具体实施时常陷入困境。一位公司老总谈到,有一回,下属向他反映公司内部送礼随份子成风,加重了员工负担,希望领导出面解决这个问题。这位老总觉得有道理,是应该刹刹这种风气。听说民主管理方法不错,便决定利用这次机会实践一回。不料,关于企业内部不送礼随份子的方案拿到会上,大家争来吵去,始终无法形成统一的意见。到后来,老总坐不住了,一拍桌子:“这个问题就民主到这儿吧,该我集中了。以后企业内部一律不准再送礼。”手下的员工都不吭气了,心想这不是耍我们吗?民主了半天,还是你说了算。事后,这位老总也很郁闷:民主管理,怎么搞成这么一个结果,问题究竟出在哪儿?

其实,民主管理本身没有错,问题在这位老总只知其一,不知其二,不知道该如何运作。遇到上述情况,按照毛泽东的办法,至少要从以下几方面着手:

一是事先调查摸底,了解多数人的真实想法,特别是单位骨干是怎么看的。如果有不同看法,就要先研究一下。如果意见很难统一,估计谁也说服不了谁,就应该先做舆论准备,而不应匆忙提出方案,匆忙拍板决定。

二是事先与领导层及骨干进行良好的沟通,求得他们的理解和支持,以免

① 《毛泽东选集》第四卷,人民出版社 1991 年版,第 1341 页。

发生争论时孤掌难鸣，得不到强有力的声援。

三是当个人意见没有得到多数人认可时，不妨先缓一步，表示“看来大家对这个问题的看法不一致，所以暂不做决定，以后再议”。会后再继续做思想工作，效果定会好得多。

总而言之，民主是一把“双刃剑”，要想运用得好，有许多细节需要把握。显然，毛泽东所提出的“厉行集中指导下的民主”，应该是管理者追求的目标。

第四章

打造铁的纪律

——加强纪律性，革命无不胜

纪律是解放军战斗力的重要源泉。正如毛泽东所说："这个军队之所以有力量，是因为所有参加这个军队的人，都具有自觉的纪律。""加强纪律性，革命无不胜。"

如果哪一组织的纪律和秩序能达到毛泽东领导下的解放军的水平，那该是一支多么有战斗力的队伍！

1. 建军必先立法，立法渐求完备

中国传统文化讲究个人修为，讲究独善其身，纪律意识相对而言是中国人缺少的。毛泽东就曾经说："日本敢于欺负我们，主要的原因在于中国民众的无组织状态。"[①]

这种国民性就曾表现在毛泽东领导的秋收起义中。当时，部队多次出现过不听指挥和缴获不归公的现象，有的还造成了很恶劣的影响。王新亚领导的二团打下浏阳以后，从领导到战士都被胜利冲昏了头脑，像放羊似的散了，有的上馆子，有的逛大街，有的把缴获的东西据为己有，谁说话都不听。后来敌军从长沙、醴陵几个方向反扑过来，部队根本无法抵抗，也没了指挥，很快就被敌人赶出了城。

有鉴于此，毛泽东当时向部队宣布了三条纪律：第一，行动听指挥；第二，不拿老百姓一个红薯；第三，打土豪要归公。他指出："一个军队，必须要有统一纪律，要听号令：立正、稍息，向左看，向右看，开步走，瞄准放。不然，敌人在前面，一个往东放，一个往西放，是要被敌人消灭的。"

1928 年 1 月，工农红军占领江西遂川，有的士兵借用老百姓门板睡觉后不主动归还。为此，毛泽东又提出六项注意：一、上门板；二、捆铺草；三、说话和气；四、买卖公平；五、借东西要还；六、损坏东西要赔。1929 年夏天，根据当地群众的习俗和俘虏兵增多的情况，毛泽东又增加了"洗澡避女人"和"不搜俘虏腰包"两项注意。这就是著名的"三大纪律，八项注意"的由来。

---

① 中共中央文献研究室编：《毛泽东著作专题摘编》，中央文献出版社 2003 年版，第 513 页。

“三大纪律，八项注意”只是建军之初，毛泽东为红军规定的纪律。后来，红军的纪律法规不断完善，先后颁发了《暂行内务条例》《奖惩条例》等规定，逐步形成了包括政治纪律、军事纪律、组织纪律、财务纪律在内的，比较完备的纪律体系。

新中国成立后，军队开始将正规化列为军队建设的重要目标之一。毛泽东同志在给军事学院的训词中强调：“实行统一的指挥、统一的制度、统一的编制、统一的纪律、统一的训练，就是要求实现诸兵种密切的协同动作。为此，就必须克服在过去时期曾经是正确的，而现在则是不正确的那种不集中、不统一、纪律不严、简单现象和游击习气等，而必须加强整个工作上、指挥上，而首先又应该是从教育训练上来培养的那种组织性、计划性、准确性和纪律性。”这就是对解放军建设产生了深远影响的“五统四性”。

根据党中央、中央军委和毛泽东同志的指示，解放军将正规化建设列入总的奋斗目标，陆续制定颁发了新的共同条令、战斗条令、军兵种条令和有关专业条例。20 世纪 50 年代中期，又进行了具有深远意义的军事制度改革，实行了义务兵役制、军衔制和军官薪金制，建立了军官留营值班、城市驻军军容风纪维护、安全防事故、点验等制度，对军人着装、举止、仪容和礼节等各个方面做了进一步规范。随着这些制度和规范的落实，解放军正规化建设的水平有了明显提高。

改革开放以来，经过全军上下共同努力，已初步形成了以《内务条令》《纪律条令》《队列条令》三大共同条令为基础的、相当完备的管理制度，部队所有场所的管理、所有工作的安排、所有环节的控制、所有成员的行为，都基本做到了有章可循、有法可依。以《内务条令》规定的日常管理制度为例，包括：一日生活制度、值班制度、警卫制度、军官留营制度、查铺查哨制度、请假销假制度、请示报告制度、点名制度、保密制度等。

为什么任何时候走进军营，都能给人一种整洁大方、井然有序的感觉？为什么有过军旅生活经历的年轻人身上，都有一些特殊的气质和良好的习惯？应该说，这与军队常年坚持以法治军、实行正规化管理是分不开的。

所以，要建立有战斗力的组织，高明的管理者通常从严肃法纪入手。先有规则，然后无条件执行，日积月累，长期坚持，毫不懈怠，才能制度化。也只有制度化才能使成员的“服从”成为一种习惯和自觉行为。

在联想集团，最初员工大都没有时间观念，开会经常迟到早退。为此，柳传志规定：凡是开会迟到的人，自己先罚站一分钟。第一个犯规的是柳传志的老朋友、公司副总经理。怎么办？柳传志还是硬着头皮执行了纪律，自己也吓出了一身汗。这一做法数十年如一日。现在联想开会时，还会看到有一两个人“挂”在那儿。联想的管理团队因为这种纪律的坚持而获益巨大。15年后的2004年底，当联想宣布收购国际著名IT企业IBM的全球PC业务时，尽管有人怀疑这种“蛇吞象”能否消化，但没有人质疑联想已经成为一个国际化的大公司。

纪律和秩序的建立有一个过程，应根据组织发展水平提出相应要求，既不能脱离实际，照搬所谓成熟的管理模式，一上来就搞正规化，也要防止因循守旧，将游击习气当宝贝，否定正规化管理。也就是说，达到了什么水平，定什么样的纪律、制度，然后再发展、再提高。

海尔集团的前身是青岛电冰箱总厂，在张瑞敏上任前，几近倒闭。用张瑞敏的话说就是：“欢迎我的是53份请调报告。上午8点钟来，9点钟就走人，10点钟时随便往大院里扔一颗手榴弹也炸不死人。”后来张瑞敏提出整顿，厂里有人搬出过去定的一人高的规章制度；而他只制定了13条，其中一条是：“不准在车间随地大小便。”

这13条规定，现在听起来简直就是一个笑话。在工作时间抽烟喝酒、在车间大小便，这叫什么工人？但当时的情况就是这样。海尔就是从13条规定起步的。张瑞敏坚持了实事求是的态度，就像毛泽东最早提出的“三大纪律，八项注意”，其中有一条“洗澡避女人”，跟“不准随地大小便”是一样的道理。

2.变强制为自觉:让员工自己管自己

就纪律而言,分析古今中外军队的治军经验,可以发现两个基本套路:

一是纵容。对于部属,特别是打了胜仗的部属的违纪行为,睁一只眼,闭一只眼,甚至以此作为犒赏部队、鼓舞士气的一种手段。史书中常可找到这样的记载:某某城池久攻不下,为激励士卒,将领在阵前允诺,破城之时,可大掠三日。

二是强制。对违纪官兵给予严惩,靠加大惩罚力度来威慑士兵。

解放军初创时,这两种带兵套路都不同程度地存在。但毛泽东均不赞成。在20世纪50年代的上海,广泛流传着这样一则故事:

有一次,毛泽东向刘少奇和周恩来提出一个有趣的问题:"你们怎样才能使猫吃辣椒?"

刘少奇说:"这还不容易,你让人抓住猫,把辣椒塞进它嘴里,然后用筷子捅下去。"毛泽东不满意地摆了摆手说:"决不能用暴力,每件事都应该是自觉自愿的。"①

在非自愿的情况下,采取强制的手段来达到管理的目的,并不是十分理想的方法和举措。毛泽东认为:"党的纪律是带着强制性的;但同时,它又必须是建立在党员与干部的自觉性上面,绝不是片面的命令主义。"

有许多企业老板老抱怨:自己在场时,公司一切正常,运转良好。可刚一出门,甚至刚一转身,情况就完全不同。一天8小时盯着员工干活是不现实的。对于这一管理难题,坊间流行的管理书籍,如《致加西亚的信》《老板不在》等,都

① [美]R.特里尔:《毛泽东传》,中国人民大学出版社2006年版,第295~296页。

给出了解决之道，归结为一点就是：不能靠加大奖惩力度来解决，更不能靠发动员工互相告密来解决，而要靠员工自觉的纪律来约束。

有些企业家也承认自觉纪律的优越性，可认为员工素质太差，让他们自觉遵守纪律很难。甚至说，对一些素质不高的员工，没什么道理好讲，只有罚点钱，甚至踢一脚，他们才能长点记性。这种观点并不新鲜，与旧军队“棍棒底下出好兵”的说法如出一辙。说到底，还是没有掌握正确的方法。

靠惩戒维护纪律，只在少数人违纪时有效。如果违犯纪律的人多了，以至形成一种风气，那惩戒就会失去威慑作用。这也就是常言说的法不责众。而自觉的纪律建立在多数士兵思想觉悟的基础上，当然产生的效果就不同。

1940 年 5 月，朱德到洛阳与国民党第一战区司令长官卫立煌谈判，警卫部队是 385 旅的三连。康克清后来回忆说：“到了星期天，战士们可以轮流上街购买日用品，战士们自觉遵守纪律的行动，进一步扩大了八路军在群众中的影响，到处流传着八路军战士的美谈。卫立煌知道了，就问朱总司令：‘你们的兵这样随随便便上街，如果乘机开了小差，怎么办？’朱老总听了，哈哈一笑说：‘我们在红军时期就是这么办的。我还没有听说过星期天上街开小差的事。’看着他不解的神色，朱老总接着又说：‘道理很简单，就是一条，他们都是自觉的革命战士，懂得只有抗日救国才是自己的出路。抗日救国最光荣，当逃兵是最可耻的。’卫立煌连连点头：‘是啊！我们现在治军，要都能达到你们这样就好了。’”①

建立自觉纪律，毛泽东采取的就是“发动战士自己教育自己，管理自己”的办法。辽西战役时，某部经过苹果园不吃群众一个苹果，受到毛泽东的高度评价，他十分动情地说：“锦州那个地方出苹果，辽西战役的时候，正是秋天，老百姓家里有很多苹果，我们战士一个都不去拿。我看了那个消息很感动。在这个问题上，战士们自觉地认为：不吃是很高尚的，而吃了是很卑鄙的，因为这是人民

①《康克清回忆录》，解放军出版社 1993 年版，第 283~284 页。

的苹果。纪律就建立在这个自觉性上。这是我们党的领导和教育的结果。”[①]

在“三湾改编”时，毛泽东在连以上各级建立了士兵委员会，由全体士兵民主选举产生，在党代表的指导下工作，为士兵参与管理找到了一种很好的方式。

对于这段历史，罗荣桓在《秋收起义与我军初创时期》一文中这样写道：“为了扫清旧军队的一切不良制度和习气，毛泽东同志果断地采取了许多革命的措施。例如，士兵委员会就是这时候产生的……后来由于干部处处以身作则，作风民主，士兵受到感动，他们从实践中也知道了无法绝对平均，觉得那样做没有什么好处，便逐渐改变过来，在自觉的基础上爱护干部，听从指挥了。”

有些学者虽也意识到自觉纪律的重要，却给出不同于毛泽东的解决办法。如《从优秀到卓越》一书的作者提出：“实现跨越的公司建立了一贯制度，但他们也给予员工制度框架下的自由和责任。他们聘用严于自律、无须管理的人，公司只需管理系统，而不需管理这些人。”

作者的愿望是美好的，但问题是从哪里去找这种“严于自律、无须管理的人”。再说，人的思想不断变化，即使找到一些思想基础不错的人，刚来公司时有一定的自律性，可谁能保证他们的思想就不发生变化，能一辈子严于自律？所以，根本的解决办法还在教育。

从纪律教育的方式方法看，部队主要有以下一些经验做法：

一是搞好入伍教育。

从入伍的第一天起，就要让新兵建立起纪律观念。通过教育，使刚刚穿上新军装的官兵明白，自步入军营大门的这一刻起，自己就不再是普通的老百姓了。入伍教育一般要搞两个月或者两个半月，目的是尽快完成由老百姓向合格军人的转变。一般大企业，如华为、联想，入职教育也是这样，花费很多时间，名曰入模子。这与部队的做法是一致的。

二是搞好经常性教育，不断强化纪律意识。

①《毛泽东文集》第七卷，人民出版社1999年版，第162页。

纪律不是一天建立起来的。所以,毛泽东说:“我们军队里头要经常进行三大纪律、八项注意的教育。只要你空几个月不搞,就松松散散了。一年要鼓几次气。新兵来了,要进行教育。就是老兵,老干部,只要你不整风,他的思想也要起变化。”

在部队,每隔一段时间,都要学习条令,包括纪律条令、内务条令、队列条令。纪律条令有要求、有具体规定,也有违反了规定的处罚措施。学习的时候进行对照检查,战士相互之间进行批评和自我批评,也就是用整顿的方法进行学习。每一次教育,都有针对性,目的是要解决一两个实际问题,而不是不疼不痒地读一读文件了事。

现在有许多企业也有纪律,也有制度,但谁都不知道具体内容,全在办公室里锁着。这些制度大都是请咨询公司帮助制定的,咨询公司又是从别的公司抄来的,这能起到什么作用呢?

其实,纪律不在多,而在抓落实。部队是这样做的:首先针对自己的问题,制定出几条纪律规定,一般不超过十条。然后就抓这几条的落实,反复学,反复对照检查,巩固以后再进一步细化。这样一步步抓下去,定能收到实效。

三是结合典型事例,开展随机教育。

教育并不全是座谈和上课,教育有多种形式。有时候抓住机会,甚至一句话不讲,就能收到课堂教育难以收到的效果。

笔者在河北山区当战士的时候,物质文化生活条件较差,没有电视,也没有收音机,每月只放一两次电影,是官兵们的主要娱乐之一。放电影时,分散居住在附近村庄的各个营连,要打上背包,走几里山路,赶到团部操场集合。有一次,到了规定时间,全团整队完毕,发现有一个连未能按时赶到。值班首长很不高兴,黑着脸,一句话不说,让全团官兵都等着。几分钟后,那个连队急匆匆地从远处跑步赶来。到了集合地点,带队连长向值班首长报告人数。首长还礼后问了一句,“通知你连几点赶到?现在几点了?”然后,第二句话就是:“原队带回!”全连一百多人就这样原路返回。目睹了这一幕的全团官兵,恐怕再也忘不了什么是时间观念了。

[毛泽东《论新阶段》(1938年10月)一文摘录]

纪律是执行路线的保证，没有纪律，党就无法率领群众与军队进行胜利的斗争。在过去，由于克服了张国焘一类破坏纪律的倾向，保证了抗日民族统一战线与抗日战争的顺利执行。在今后，又必须坚持这种纪律，才能团结全党，克服新的困难，争取新的胜利。

在这里，几个基本原则是不容忽视的：(一)个人服从组织；(二)少数服从多数；(三)下级服从上级；(四)全党服从中央。这些就是党的民主集中制的具体实施，谁破坏了它们，谁就破坏了党的民主集中制，谁就给了党的统一团结与党的革命斗争以极大损害。

为此原故，党的各级领导机关，应该根据上述那些基本原则，给全党尤其是新党员以必要的纪律教育。过去经验证明：有些破坏纪律的人，由于他们不懂得什么是党的纪律。有些明知故犯的人，例如张国焘一类，则利用一部分党员的无知以售其奸。所以纪律教育，不但在养成一般党员服从纪律的良好作风上，是必要的；而且在监督党的领袖使之服从纪律，也有其必要。

党的纪律是带着强制性的；但同时，它又必须是建立在党员与干部的自觉性上面，决不是片面的命令主义。为此原故，从中央以至地方的领导机关，应制定一种党规，把它当作党的法纪之一部分。一经制定之后，就应不折不扣地实行起来，以统一各级领导机关的行动，并使之成为全党的模范。

3. 重在平时培养，注重点滴养成

在部队当过兵的人，一般来说都比较守时，与别人约好了见面时间，肯定会准时或提前到达。这就是养成的作用：一个战士从早晨起床到晚上就寝，一天至少要集合站队 8~10 次，迟到了就要挨领导的批评，受战友的指责。久而久之，官兵们便形成了很强的时间观念。

可见，纪律是一种意识，但也可以通过习惯，转化成一种下意识的行为。养成的作用，就在于使守纪律逐渐成为员工的一种下意识行为。也就是说，一开始是讲道理，而一旦在日常训练、学习生活中一点一滴培育，养成习惯后，员工就不去想那个道理了，该怎么做就怎么做，纪律已经成为一种下意识的行为。

管理者最为关心的是如何进行养成教育。应该说，解放军在这方面也积累了丰富的经验。

一是“大处着眼，小处着手”。部队管理讲求全员额、全方位、全时段，即在 100% 的时间、100% 的空间，对 100% 的人员进行管理。特别是对新战士，要求一切“从零开始”，从言行举止的方方面面进行重新塑造。

《细节决定成败》一书的作者认为，“中国绝不缺少雄韬伟略的战略家，缺少的是精益求精的执行者；绝不缺少各类管理制度，缺少的是对规章条款不折不扣地执行”。因为“伟大源于细节的积累”，“魔鬼存在于细节之中”。

应该说，这些观点很有道理，与解放军的管理经验完全吻合。为什么一些经过较长军旅生涯锻炼的官兵退伍到企业后，很快就能进入状态，做出一番成绩？原因当然是多方面的，但与他们长期养成从小事入手，注重细节的做事风格肯定是分不开的。

部队日常管理的一项重要内容是搞好内务卫生。特别是叠被子，要叠得有棱有角，像豆腐块一样。这是一件很简单的小事，可天天做好却不容易。近些年，军队每年都从地方大学接收部分毕业生，某种程度上可以说，对他们的培养就是从叠被子入手的。开始，很多学生都不理解，觉得根本没必要将大量时间浪费在这些琐碎之处，有叠被子的时间，还不如多记几个外文单词。可几个月的入伍培训结束时，许多人的看法发生了变化，开始悟出军队要求将被子叠成“豆腐块”的道理，认识到什么叫“一屋不扫，何以扫天下”。

二是“婆婆嘴，豆腐心”。管理干部成天生活在基层官兵中，自然会经常发现不符合条令条例规范的地方，发现问题一定要及时批评指出，帮助部属纠正。不要嫌麻烦，不要怕唠叨，要不断地检查，不断地讲，就像老婆婆的嘴一样。当然批评的前提是关爱部属，批评也是为了帮助部属更快地进步，“婆婆嘴”的背后有一颗慈爱的心。

一些缺乏实际经验的管理者，抓管理时常缺乏耐性。看到下属工作中出了问题敢于批评，可批评的次数一多，自己就有些不耐烦了，心想：“我都给你讲过多少次了，怎么就不长点记性！”受这种情绪影响，对员工的态度自然会起变化。由爱到恨，恨铁不成钢，又由恨到烦，直接影响到上下级关系。要想真正帮助员工养成好的习惯，管理者必须具有“婆婆嘴，豆腐心”。也就是走到哪儿，检查到哪儿，说到哪儿。

三是“抓反复，反复抓”。部队有一个形象的说法，叫“一日练，百日养”。意思是，良好习惯的形成，都有一个从量变到质变的过程。其实，人的习惯不是一天形成的，改起来势必有个过程。领导抓了，强调了，可能好几天，过几天，员工又松下来了，这是非常正常的，所以要反复抓。领导要容许员工反复，也要锲而不舍地抓，一年 365 天，天天不放松。即使在任务繁重、环境艰苦、人员分散的情况下，也不要放松管理。

总之，注重平时养成是解放军培养严格纪律的重要方法。用部队指挥员的话说，“养成没有固定的课堂，但课堂最大；养成没有专门的时间，但时间最多；养成没有专职的老师，但人人都是自己的老师”。把养成渗透到训练、执勤和平时生活的方方面面，做到点滴养成、持久养成、整体养成，下细功夫、慢功夫、长功夫，使官兵由被动到主动，再到自动，在日复一日的规范化的工作和生活中，逐步养成遵守纪律的习惯，平时做到“居则有礼，动则有威”，战时就能“进不可挡，退不可追”。

4. 没有检查就没有执行力

许多企业家都羡慕部队的执行力。其实，部队执行力强的主要原因，就是建立起了严格的问责制。概括起来无非是，一要严格检查，二要严明奖惩。

有人误以为毛泽东领兵只抓思想，不抓制度，这是一种误解。其实毛泽东有一个非常明确的观点就是，解决制度问题比解决思想问题更重要。好的制度也能教育人，好的制度一旦建立以后，能够起到思想教育起不到的作用。他说："重要的任务在没有走上轨道之前，要每月检查一次。"① 这样一来，官兵们就会形成一种意识，只要是领导布置的工作、提出的要求，就必须不折不扣地落实。不然的话，就会有人找麻烦，日子就会不好过。

抓检查实在太重要了，韦尔奇曾经感慨道，到现在为止，还有许多领导以为员工对他讲的什么感兴趣，其实员工只对领导检查什么感兴趣。

有人将西方提出的 ISO9000 管理体系概括为四句话："凡是要做的就必须写出规定，凡是规定的就必须去做，凡是做了就要留下记录，凡是有记录的就有人检查。"强调的也是检查。而六西格玛管理也是引入统计学方法，使检查进一步细化。

部队有一种说法，叫作"只有令行禁止，没有三令五申"。意思是，军队必须令出即行，重要的命令、指示根本无须重申。如果一个命令或指示发下去，下面可听可不听，需要领导三番五次地加以强调，这本身就不正常，说明有些人拿着令箭当鸡毛，把领导的话当耳旁风，这是军队纪律绝对不能允许的。

---

①《建国以来毛泽东文稿》第七册，中央文献出版社 1992 年版，第 47 页。

不少企业家常感叹一项任务布置下去后，总有人拖着不办，推一推，动一动，甚至推都推不动。对公司作出的管理规定，一些员工置若罔闻，习惯于我行我素。通常，企业家将此问题归因于员工的素质不高，因而经常批评、发火，甚至给予很重的处罚。重罚了一些人后，一时情况有所好转，可过不了多久，又故态复萌，问题始终得不到彻底解决。

其实，解决执行力不强的问题，靠领导发火、处罚是没用的。恐怕问题不在员工，而在领导检查监督不力。如果领导布置的每一项工作、提出的每一条要求，都有严格的检查监督，彻底打消下属的侥幸心理，恐怕就不会出现拿着令箭当鸡毛的情况了。

在严格检查，对下属工作表现进行考核的基础上，就要落实奖惩了。对违纪问题处理是否得当，直接检验管理者执行纪律的决心和效果。搞得不好就会出现韦尔奇所说的“明星变魔鬼”现象。毛泽东就曾处理过这类问题。

1937年10月，时任抗日军政大学第六队队长的黄克功，对陕北公学女学生刘茜逼婚未遂，开枪把刘茜打死。黄克功少年时加入红军，参加过井冈山的斗争和长征，26岁已是一位身经百战的红军团长。有人认为黄是有功之臣，现在前方又急需军事干部，不妨网开一面。包括一些“老井冈”，也出面为之说情。

但是，毛泽东同志旗帜鲜明地支持陕甘宁边区高等法院判处黄克功死刑。他说：“根据党与红军的纪律，处他以极刑。正因为黄克功不同于一个普通人，正因为他是一个多年的共产党员，是一个多年的红军，所以不能不这样办。共产党与红军，对于自己的党员与红军成员不能不执行比较一般平民更加严格的纪律。”[①]

很明显，这是一项很困难的工作，不是哪个领导人都能作出这种痛苦的决定。杰克·韦尔奇在通用电气公司历任总裁中，无疑是最成功的，因此受到全世界的关注和推崇。但杰克·韦尔奇在通用电气公司的前10年，一直被称为企业

① 《毛泽东文集》第二卷，人民出版社1993年版，第39页。

界的“魔王”,因为他对员工很严厉,甚至达到残酷的地步。他曾提出要把每年员工中考核评价最差的10%清除出去,因而被许多人斥为“野蛮行径”。

韦尔奇的理由是:“让一个人待在一个他不能成长和进步的环境里,才是真正的野蛮行径或者‘假慈悲’。先让一个人等着,什么也不说,直到最后出事,实在不行了,不得不说了,这时候才告诉人家:‘你走吧,这地方不适合你。’而此时他的工作选择机会已经很有限了,而且还要供养孩子上学,还要支付大额的住房贷款,这才是真正的残酷。”①

韦尔奇的做法,表面上看确实很残酷,可其中的道理是比较深刻的:企业要发展,如果不严明纪律,不动真格的,执行力从何谈起?

① H·奥特编译:《杰克·韦尔奇创新经营实战全书》,黑龙江人民出版社2002年版,第241页。

5.反对“愚兵政策”

古今中外许多军队的军纪核心都要求士兵绝对服从军官，提倡实行“兵贵愚，将贵智”的愚兵政策，在“军人以服从命令为天职”的口号下任意驱使士卒。旧中国军阀中有一位连长就曾说：“军队嘛，要绝对服从，比如，我手里拿一个鸡蛋，它本来是白色椭圆形的，长官偏说它是黑色方形的，你们也要随着说它是黑色方形的。这就叫做绝对服从。”

美国军队也是一样，一味强调“军人以服从命令为天职”。在这一思想熏陶下，美军官兵养成了不辨是非，不问对错，只知道盲目地服从上级命令的习惯。干了坏事，包括犯下杀人、虐俘等罪行后，只要说一句“我是在执行上级的命令”，似乎就没有任何个人责任了。为什么美国军队经常干出一些出格的坏事？为什么美国军人的社会形象始终不好？应该说，实行“愚兵政策”是一个重要原因。

世界上其他国家的军队，情况也差不多，大都主张无条件地树立军官的权威。如苏联军队的《内务条例》上就明文规定：“部属必须无条件地服从自己的指挥员（首长）”，“不允许批评指挥员和首长的命令与指示”。正是受这些思想的影响，所以社会上相当多的人一想到军队，马上就联想起专制独裁、绝对服从。

人民军队的统帅毛泽东，从开始建军起，就坚决反对这种“愚兵政策”。他总是特别强调，解放军的纪律与一切旧军队根本不同，不是来自什么天职，而是来自革命军人的觉悟。至于什么“服从就是在执行中不问为什么，只想怎么干”，不但培养不出自觉的纪律，搞不好还会培养出一些四肢发达、头脑简单的

“杀人机器”。

前些年，管理学界曾经有一本畅销书《致加西亚的信》。书的内容十分简单，说的是美国独立战争时期，军官罗恩如何历尽千辛万苦，克服各种困难，将一封重要的信转送到古巴军事领导人手中。故事本身并不曲折，也没有讲出什么深刻的哲理，真正吸引管理者的，只是书中主人公最后说的一句话：“作为军人，接受任务后，不问为什么，只是千方百计地完成。”这本书把罗恩的精神归结为——对上司、对老板无条件的服从，对公司、对岗位无条件的忠诚。有些企业家特别欣赏加西亚的这句话，将该书发给员工人手一册，希望所属员工都能像加西亚一样，有出色的执行力。

还有《没有任何借口》一书，借西点军校说事，大讲员工为什么必须无条件地服从老板指挥，据说也很受管理者欢迎。《向军队学管理》一书甚至提出一个观点：“虽然上级的决策也有错误的时候，但是你也应该遵从执行。你既不能事先加以肯定或指责，也不要事后加以抱怨或轻视他的决定。”

事实上，不摆明道理，启发思想，一味要求员工盲目地服从，恐怕只是少数管理者一厢情愿的想法。因为，人都是有思想的，人的多数行为大都受意识的支配。思想通了，才能一通百通，才能自觉地服从命令，听从指挥，执行纪律，遵守规定。而如果员工觉悟上不去，思想上没搞通，虽然高压之下也会服从管理，但转过脸去，却极有可能是另一番模样。

只是一味采用高压手段迫使下属服从命令，容易产生副作用，并且不能从根本上解决问题。

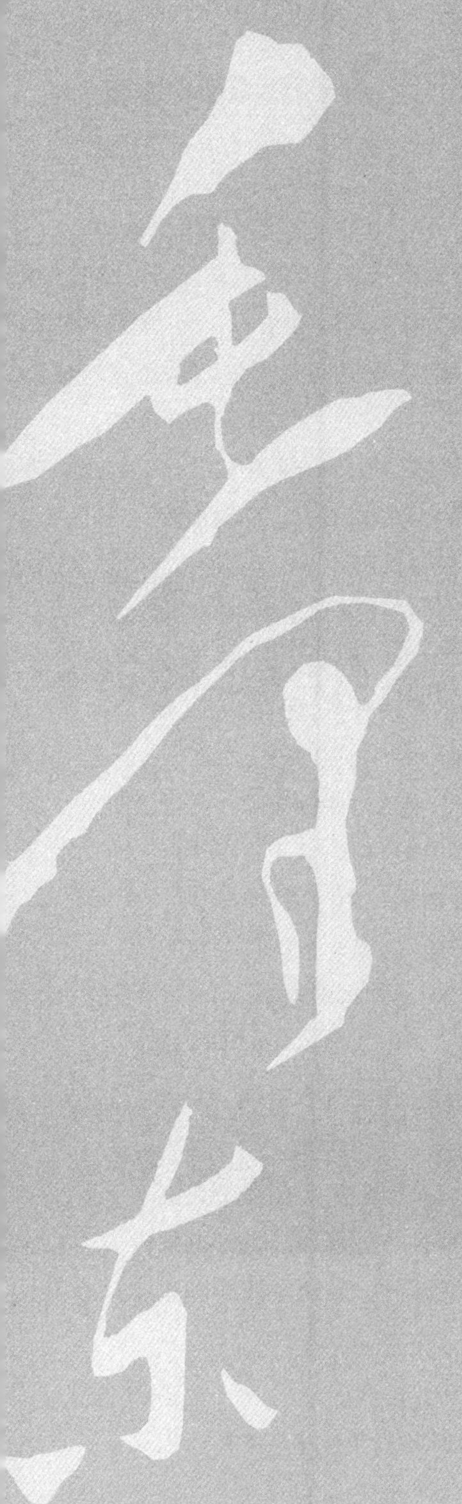

第五章

作风就是战斗力

——狼文化是如何炼成的

前些年，狼文化在管理界风靡一时，而且迅速发展成为狼崇拜。然而，现在很少有企业家再提狼性了，就连因推行狼文化而走红的华为也经历了狼文化后遗症的痛苦折磨。其实，不提狼文化，在于有两个问题没有得到解决：一是组织只讲狼文化行不行？二是如果讲狼文化，又该如何培养狼文化？对此，毛泽东提供了宝贵的经验。

1. 作风就是战斗力

狭路相逢勇者胜。企业所尊崇的狼文化，部队称之为战斗作风。面对激烈的战斗，需要一股特别的精神力量，部队习惯称之为战斗作风。

关于战斗作风，徐向前元帅有一句话说得特别到位："作风就是战斗力。一个革命政党要有好的党风，才能团结群众，实现自己的纲领、路线。同样，一支革命军队，也必须具有好的战斗作风，才能执行革命的政治任务，保存自己，消灭敌人。"①

美国军人一向是自视很高的，很少能够看得起人，唯独对中国军人十分敬重。原因在于，第二次世界大战后，美军对外用兵超过 240 多次，真正吃了大亏的只有两次，即朝鲜战争和越南战争，而这两场战争都是与中国军队交手的。特别是朝鲜战争，当时美国的国力、军力处于鼎盛时期，武器装备更是远优于中国人民志愿军。可双方交起手来，美军却是一败再败，想尽各种招数，始终无法取胜，最后不得不老老实实地坐到谈判桌前。由此，美军不得不钦佩中国军人，认为他们具有"谜一样的东方精神"。显然，这种"谜一样的东方精神"中，就包含优良的战斗作风。

古今中外的军事家无不重视对军队优良作风的培养。例如，曾国藩带兵就特别强调"军事以气为主"，带兵的人要"无官气而有血性"，能够"扎硬寨，打呆仗"，将部队带成"呼吸相顾，痛痒相关，赴火同行，蹈汤同往，胜则举杯酒以让功，败则出死力以相救"。

---

① 潘石英主编：《当代中国军事思想精要》，解放军出版社 1992 年版，第 336 页。

当过兵的人都知道,部队内部特别推崇主力部队,主力部队的官兵常有一种优越感。为什么会如此?原因之一就在于主力部队大都是战斗力最强、作风最优良的部队。战争年代,解放军各部队内部都有主力和非主力之分。主力部队一般都是部队的“老底子”,番号靠前,装备略优,作风过硬;而非主力部队通常是由主力部队派出部分干部和骨干力量,或者抽调少数连队后组建的。战斗中,指挥员总是将最重要、最艰巨的任务交给主力部队。从某种意义上说,主力部队的战斗力,就代表着整支军队的战斗力。任务艰巨,伤亡自然大。有时一场战斗下来,主力部队几乎打光了,一个连、一个营,甚至一个团只剩下几个人。但只要还有种子,补充进新成分后再加教育和训练,很快又能成为响当当、硬邦邦的绝对主力。

30多年前,笔者还是新战士时,曾经出差住在38军军部招待所,目睹了这样一件事:部队在大饭厅放电影,各单位整队入场,依次排开。当时的饭厅还是老式建筑,中间有许多大柱子。有一名战士碰巧坐到柱子后面,根本看不见银幕。可电影开演后,他仍然一动不动。周围的人问他,为什么不前后挪挪,那样不就可以看到银幕了吗?战士的回答很简短,却让人终生难忘:“连队要求不准动。我虽然看不见,听听也受教育。”部队的作风纪律培养到这个份儿上,何愁没有执行力?

在战场上,面对血与火、生与死的考验,官兵行为的非理性因素会明显增强,受潜意识等心理因素的影响很大,这也正是军事统帅历来重视优良作风培养的重要原因。实际上,决定官兵行为的因素无非意识和潜意识两个方面。部队开展的思想教育着眼于提高官兵的政治觉悟,解决意识问题。而作风培养侧重于官兵良好行为习惯的养成,形成集体无意识。官兵们有了高度的思想觉悟,再加上优良作风,部队的战斗力自然大大提高。

作风涣散、萎靡不振的团队不过是乌合之众,而作风过硬的团队才有可能具有过硬的战斗力,无坚不摧、无往不胜,获得出色的工作业绩。所以,联想集团总裁柳传志认为,好的企业就像一支军队,令旗所到之处,三军人人奋勇,进攻时个个争先，退却时阵脚不乱。

有人以为带队伍主要是带士气，其实不然。因为，士气通常指军队临战前和战场上的战斗情绪，它可以通过现场鼓动来激励，因而效果是暂时的、不稳定的。而作风是稳定的行为习惯，从根本上说，要长期地、有意识地加以培养。

华为公司的任正非也多次强调，要在企业中塑造一种氛围，因为“氛围也是一种宝贵的管理资源，只有氛围才会普及到多数人，才会形成宏大的具有相同价值观和驾驭能力的管理者队伍。才能在大规模的范围内共同推进企业进步，而不是相互抵消”。

这里讲的氛围，包括管理学著作中常提到的“风气”“人文环境”等概念，相当于部队所讲的作风。了解一下解放军都有哪些优良作风，这些优良作风是如何培养出来的，对管理者提炼和培养企业文化，定会有所帮助。

2.团结就是力量:化内耗为合力

近两年,曾经一度被大讲特讲的狼文化,受到多方质疑。原因在于,要求员工像狼一样凶狠,为达目的,不择手段,勇于拼杀,奋不顾身,其本意是想借此增强企业的竞争力,这固然无可非议。可如果企业一味提倡这样一种狼精神,培养这样一帮富有“狼性”的员工,为达目的,不择手段,结果会怎么样呢?

曾在华为担任过副总裁的李玉琢,在写给任正非的一封信中明确表示,养“狼”也将为患,自己就多次被华为公司培养出来的“小狼”咬过。

所以,如果企业盲目地提倡狼的精神,不讲团结协作,一味向员工灌输为达目的不择手段的思想,一旦真正培养出了没有团队精神的“狼”,经常互相咬起来,结果不是增强战斗力,而是损耗战斗力。

在生死考验面前,部队提倡一种精神:“胜则全力以赴,败则拼死相救。”也就是相互之间要紧密团结,形成一个整体,才具有战斗力。单打独斗是不行的。所以毛泽东就把“团结自己,战胜敌人”作为战胜敌人的总方针。

历史上解放军团结制胜的战例很多。如解放战争时期,国民党由全面进攻转入重点进攻后,我华东、陕北两解放区的战场局势一度十分紧张。党中央、毛主席全面分析形势,做出让中原野战军突破黄河,千里挺进大别山,实行战略反攻的英明决策。当时,刘邓主力部队经过近一个月的连续作战,已经极度疲劳,而且伤亡较重,亟须休整补充。这项任务艰巨而又危险,如果十万大军离开根据地,不要后方,没有任何后勤支援,长距离奔袭作战,随时都有被敌人打垮、打散、包围的可能。

一时间部队议论纷纷。刘邓首长亲自出面做工作,要求全体官兵以大局为重，义无反顾地挑起这副重担。刘伯承司令员形象地说："我们中原野战军以一个人扭住三个敌人，就可以使兄弟野战军用三个人去打一个敌人。"

后来，挺进大别山后，官兵生活艰苦，病号增加，减员很大，而且没有了像过去那样大量歼敌，靠缴获补充自己的机会，一些指战员感到吃了亏。针对这种本位主义思想，刘伯承说："打仗有的吃肉，有的啃骨头。过去山东啃骨头，我们冀鲁豫就吃肉，这次我们也啃一次骨头，就好像我们输不起一样，这是什么思想？"①

事实上，在挺进大别山的过程中，刘邓大军牺牲和伤亡很大，几乎损失了一半的兵力，却为全局的胜利，为兄弟部队的胜利，创造了有利条件。消息传到陕北，毛泽东欣喜地说："我们总算熬出头了，二十多年来，革命一直处于防御地位，自刘邓南征后，我们的革命战争，才在历史上第一次转为战略进攻！"②

试想，如果团队中每个人都从自己的角度考虑问题，这事儿对我有利就干，对我不利就不干，那还会有什么团结制胜可言。

在国内革命战争绝大多数时间里，国民党军队在数量上、装备上都占绝对优势，可为什么总也打不过比他弱小得多的人民军队？应该说，重要原因之一就是将心不齐。

围堵红军长征的例子最典型。当时，蒋介石拼命将红军往云、贵、川地区赶，想"一石数鸟"，借地方军阀之手削弱红军，让交战双方拼个两败俱伤，他好坐收渔翁之利。可地方军阀也不是傻瓜，早就看穿了蒋介石的心思，知道"有匪有我，无匪无我"（白崇禧语），所以"防蒋甚于防共"。在与红军的作战中，粤、桂、湘、黔、川、滇等各省军阀都以保存实力为原则，精心算计，虚与委蛇。于是，便出现了战争史上的奇观——"送客式的追击，敲梆式的防堵"。大家心照不宣，彼此彼此，就蒙一个蒋介石，这为红军利用矛盾，各个击破，冲出重围，北上抗日，留下了机会。

---

① 姜思毅主编：《刘邓大军史话》，解放军出版社 2002 年版，第 158 页。

② 林桂森：《刘邓大军千里跃进大别山的战斗历程》，《档案大观》2009（426）：1 页。

解放战争时也一样。国民党部队互相倾轧、见死不救的情况非常普遍。老电影《南征北战》中有一经典镜头：被解放军包围的国民党李军长用报话机向张军长求救，要求对方“看在党国的份上，拉兄弟一把”。张军长不为所动，冷冰冰地回答道：“我们也遭到共军阻击，请你们再坚持最后五分钟。”在很多战役中，正是这种“你来我不来，腰来腿不来”的现象，直接导致国民党部队被解放军各个击破，逐一消灭。难怪有国民党将军说，共产党把心思都用到战场上，所以总打胜仗；国民党把心思都用在官场上，所以总打败仗。

其实，不仅国民党军队如此，世界上许多国家的军队也是如此。如第二次世界大战中日本的陆军和海军、陆军中的皇道派和统制派、侵华日军中的“关东军”与“华北驻屯军”，相互间的矛盾就非常深。七七事变的爆发，是日本“华北驻屯军”率先挑起战火，遭到了中国军民的奋起抵抗。当时平津地区的日军只有一万多人，明显处于劣势。可“华北驻屯军”宁愿从日本国内紧急调兵，也不允许驻扎在山海关附近的“关东军”插手。若不是国民党上下对和平抱有幻想，打打停停，错失战机，整个抗日战争的开端完全可能是另一番模样。

所以，组织内部的团结，尤其是班子成员之间的团结，直接决定了一个组织的凝聚力和团队的战斗力。如何实现内部团结？毛泽东提出的解决办法之一是，定期召开民主生活会，开展批评与自我批评。

按照部队规定，团以上单位党委每年都要召开一至两次民主生活会，会前，党委成员要认真准备，相互谈心；会上，每位委员都必须发言，在总结工作的基础上，开展批评与自我批评；届时，上级党委和机关要派人参加，并对党委班子、单位建设及会议情况进行讲评；会后，每位同志的发言还要形成书面材料，上报并存档。民主生活会开好了，确实也能解决问题，最起码使上级领导比较全面地掌握了情况。

军队的这一套办法，华为的任正非就非常认同。他在《华为的冬天》一文中写道：“我们一定要推行以自我批判为中心的组织改造和优化活动。”“公司认为自我批判是个人进步的好方法。”“自我批判从高级干部开始，高级干部每年都有民主生活会,民主生活会上提出的问题是非常尖锐的。”“下面也要有民主生活会,一定要相互提意见,相互提意见时一定要和风细雨。”

华为的民主生活会实际效果又如何呢?《走出华为》一书的作者曾经担任华为的中层干部,他谈道:“华为的民主生活会是要刺刀见红的,挠痒痒根本过不了关。每季度例会肯定要做一次自我批判,不是只在你的领导面前,而是在众多的同事面前。每个人都得过这道关,‘不要脸’才会进步,华为通过民主生活会让你认识自己,让大家把缺点暴露在阳光下。”“华为是知识分子聚集的地方,知识分子最大的弱点就是爱面子,人际关系的复杂性往往就来自于这些善意的或恶意的爱面子。华为这种‘不要脸’的精神和行动,让员工把各自的主张和诉求通过组织的渠道有序地舒解出来,人际关系在人们没有猜忌和隐瞒的轻松气氛中得到了进一步的纯洁。”

可见,解放军培养紧密团结作风的成功经验,对企业家具有同样重要的参考价值。

3.兵贵神速:强调雷厉风行,反对疲沓作风

兵贵神速,正如叶剑英元帅所说:“在一定条件下,时间因素对战斗的胜败起着决定的作用。”[①] 其作用如林彪所说:“有时作战增加一个营、一个团都不能解决问题,而提早一个钟头就可以解决问题。如果你是进攻,就把敌人抓住了;如果你是退却,就能摆脱敌人。在这种情况下,争取一个钟头抵得上一个团、一个师的力量。”[②]

所以,毛泽东格外重视部队雷厉风行作风的培养。有了这种作风,没有战机时可以抢夺战机,有了战机可以抓住战机,处于被动地位可以转为主动,处于主动可以进一步扩大战果。对于部队雷厉风行的作风,毛泽东曾大加赞扬,而对与之相悖的现象,则给予严厉批评。

在挺进大别山战役中,中原野战军接到命令后,只准备了 10 天时间, 10 万大军就悉数出动,一举突破黄河天险,千里跃进大别山。毛泽东闻讯大喜,多年后仍念念不忘。在平津战役中,华北军区的部队行动迟缓,未能按中央军委的要求将傅作义的 35 军围阻在张家口,毛泽东得知后大发雷霆,气得一个人大冬天在山上转来转去,并亲自写了一份措辞严厉的电报,直到接到部队采取补救措施,已将 35 军堵在新保安的战报,这才平静下来。

在毛泽东等老一辈革命家的精心培育下,雷厉风行作风已成为解放军战斗力的重要组成部分。历史上,解放军获得的许多重大胜利,都与雷厉风行的作风息息相关。

---

① 侯鲁梁:《毛泽东建军思想概论》,解放军出版社 1993 年版,第 138 页。

②《林彪同志关于政治思想工作言论摘录》,人民出版社 1964 年版,第 35 页。

红军长征走到大渡河时，几万人马只抢到一条小船，敌我双方指挥员都意识到夺取上游泸定桥生死攸关，分别派部队沿大渡河两岸往上游赶。红 4 团不怕牺牲，不顾疲劳，边走边打，昼夜兼程，一天一夜走了 240 里。有些战士一边跑步，一边睡觉，摔了跟头醒过来，爬起来接着往前跑。而河对岸的国民党军队，虽比红军早出发了几个小时，可走走停停，到了晚上照常宿营，故未能及时增援到位，给解放军以可乘之机，最终红军顺利夺取了泸定桥，几万红军由此转危为安，脱离险境。假若敌军的行动也很迅速，恐怕中国革命的历史就要因此改写了。

雷厉风行的作风，在部队有个通俗的说法，叫“接力棒”作风。就是上级有了指示，就像接力赛跑一样，一级一级地接下去，传达不过夜，然后执行结果再一级一级地传上来。比如说，中央开会，散会后大军区领导坐飞机离开北京，下属的野战军和省军区的领导就已经坐在大军区会议室里等着，大军区领导下飞机后直接来到会议室，开始传达，此时下面的师长、团长已集中在野战军、省军区的会议室，就这样一层层传达下去……

雷厉风行的部队，完成任何任务都有一股利索劲儿，说干就干，紧紧张张，不干则已，干就干好。领导将任务交给这样的部队，会非常放心。

与雷厉风行相反的是疲沓、散漫、松垮、拖拉。受领任务后，慢慢吞吞，磨磨蹭蹭，半天不见动静。说他思想不通吧，也没见有什么反对的表示；说他接受任务了吧，又不见有什么行动。一个任务交代下去后，就石沉大海，半天不见回音。领导批评了，他就那么听着，既不反驳，也不认同。下次行动，还是老样子。用一些部队领导的土话形容，就是“肉得很”。这样的部队，肯定没有战斗力。这样的下属，哪个领导也不会喜欢。

现代社会是快鱼吃慢鱼的时代，谁能够及时发现市场需求，快速组织资源，形成产品或服务来加以满足，谁就能尽得商机，占据主动。对市场变化的反应速度，越来越成为决定企业成败的关键因素。

许多企业都在搞信息化。为什么要投入大量人力、物力搞信息化？信息化的着眼点就是争取时间。不管使用什么 IT 先进技术,采取哪些企业再造措施,实际上所要解决的,都是开发和利用信息资源,以便及时发现市场需求,并快速组织资源来加以满足。信息化往往耗资巨大,但为了在商业竞争中抢时间、争取主动,企业家不得不倾囊投入。

可话又说回来了,如果企业没有养成雷厉风行的好作风,缺乏时间观念,决策迟缓,办事拖拉,那么,花巨资搞信息化所抢出来的时间,很可能会被轻而易举地浪费掉。所以,学习军队雷厉风行的作风,对信息时代的企业有着重要的意义。

4."让开枪的人都手哆嗦"

战争常伴随着常人难以想象的困难和艰辛,要求军人必须有一股不怕困难、不怕牺牲,压倒一切困难、战胜一切强敌的狠劲,有一种英勇顽强的精神。

毛泽东曾经把这种精神概括为"不怕牺牲、不怕疲劳和连续作战(即在短期内不休息地接连打几仗)的作风",[①] 将其列为著名的"十大军事原则"之一,并且指出:"如果一个革命的人民和军队不怕痛苦,不折不挠的英勇的反抗敌人,他们一定会胜利的。"[②] 因此,不论过去、现在或者将来,都应发扬猛打、猛冲、猛追的战斗精神。

姜戎在小说《狼图腾》中曾经对狼性中贪婪、残暴和野蛮的一面有过淋漓尽致的刻画,其中有更多积极的因素值得发掘和学习借鉴:狼的强悍进取、勇敢无畏的精神,不屈不挠的竞争精神,坚韧刚毅的团队精神,以及奋不顾身的战斗牺牲精神,实际上与解放军那种英勇顽强的精神是一致的。

在抗美援朝战争中, 38 军首次作战出师不利,受到彭老总批评。窝了一肚子火的 38 军军长梁兴初,动员部队时就强调:"要不惜一切代价,克服一切困难,保证完成迂回任务。"接到命令后, 38 军全体官兵不惜一切代价插到三所里,切断了平壤与价川的联系。

战役打响后,彭德怀跟洪学智、邓华守在作战室,等着消息。别的部队不断有战报传来,唯独 38 军 113 师一直没有音信。他们一夜没有睡,一直在等,直到第二天清晨,电台里传来了 113 师的信号。一对坐标,他们已经到了指定地

---

① 《毛泽东选集》第四卷,人民出版社 1991 年版,第 1247~1248 页。

② 侯普梁:《毛泽东建军思想概论》,解放军出版社 1993 年版,第 144 页。

点——三所里。

原来，113 师为了保证插到预定地点，实行了无线电静默，官兵们冒着零下 30 多度的严寒，翻山越岭，14 个小时急行军 140 里路，赶在了全机械化的美军前，成功穿插三所里与龙源里。38 军激战两昼夜，不顾敌人疯狂突围，死守阵地，打退美军多次进攻，使敌南北两部相距不到一公里却始终无法会师，迫使其大部转道新义州才避免了全军覆灭的下场。

在这次战役中，美第八集团军司令沃克中将在仓皇逃窜中车祸身亡。若不是美军仗着武器装备好，千方百计包括用直升机将被包围的部队接走，很可能朝鲜战争就此结束。此役一举扭转了整个朝鲜战局。当战报传到志愿军司令部时，彭总挥笔写下嘉奖令："中国人民志愿军万岁！第 38 军万岁！""万岁军"的美名由此得来。

沃克死后，接任美第八集团军司令的李奇微在军事会议上大发雷霆："看看中共军队，他们总是在夜间行军，他们习惯过清苦生活，甚至吃的是生玉米粒和煮黄豆。他们能用牛车、骡马和驴子来运送武器和补给品，甚至靠人肩扛背驮。可是我们呢？我们的军队离了公路就打不了仗，不重视夺占沿途高地，不去熟悉地形、利用地形，不愿扔开使部队伤亡惨重的汽车而代之以步行……一句话，你们之所以变得对公路这样依赖，就是怕吃苦，总想坐汽车舒舒服服去打仗，到最后连人带汽车一块完蛋！"

5.艰苦奋斗永不过时

中国有句古训叫“富不过三代”,很少有人能打破这个魔咒。这多半是因为,在创业初期,企业大都举步维艰,都经历过经济拮据,恨不得一分钱掰作两半花的日子,如果没有艰苦奋斗精神,根本无法生存和发展。但是,当企业规模和实力逐渐扩大,变得财大气粗以后,就很难再保持创业时艰苦奋斗的好作风了。

河南春都公司就是一个典型例子。公司“最红火的时候,浪费十分惊人。一个处级干部一个月报销的招待费竟达20多万元,公司一位副总经理一个月报销2万多元的手机费,而当时手机在省会郑州尚不普遍。春都中层干部就配专车,小汽车最多时达232辆,其中3辆奔驰,多辆凌志、奥迪”。企业奢侈到这种程度,别说从事的是利润微薄的食品加工业,就是利润丰厚的高科技企业,甚至是开银行,也会被拖垮的。

由俭入奢易,由奢入俭难。创业者丢掉艰苦奋斗的优良作风,不仅经营成本随之增加,而且会给继任者留下诸多隐患。如果一个单位形成了摆阔气、讲排场的不良风气,要想扭转过来,将非常困难,甚至根本不可能。为什么旧社会一些大户人家家境败落后,明明入不敷出,仍要强撑门面,即使有人想改,也无回天之力,如《红楼梦》中的贾府,道理就在这里。现在不少大企业,包括一些跨国公司,就面临这种困境。

丢掉艰苦奋斗的作风,处处摆阔气、讲排场,增加经营成本还是次要的,更严重的是影响人的精神状态。古人讲玩物丧志、逸豫亡身,是非常有道理的。试想,一个成天出入五星级饭店、在鲜花美女中周旋的大老板,怎么可能真正扑下身子抓基层,认真接待普通顾客和普通员工呢?怎么可能将全部心思放在公司发展和自身素质提高上呢?

毛泽东一贯重视军队艰苦奋斗作风的培养,曾明确提出:“我是历来主张军队要艰苦奋斗,要成为模范的。”① “坚定正确的政治方向,是与艰苦奋斗的工作作风不能脱离的,没有坚定正确的政治方向,就不能激发艰苦奋斗的工作作风;没有艰苦奋斗的工作作风,也就不能坚持坚定正确的政治方向。”②换言之,艰苦奋斗是人民军队的政治本色,军队如果丢掉了艰苦奋斗,图安逸、讲享受,那就不是人民的军队了。

革命战争年代,解放军一无外部援助,二无财政支持,物质条件极其艰苦,官兵生活异常艰辛。从井冈山时期的“红米饭,南瓜汤”,到长征路上的“野菜充饥志越坚”;从抗日战争时期的住土窑,吃黑豆,到解放战争中的“小米加步枪”,解放军历来是靠艰苦奋斗来克服困难、战胜强敌的。人民军队的成长史,就是一部艰苦奋斗史。

毛泽东不仅要求部属艰苦奋斗,而且身体力行,与广大官兵同甘共苦。这方面的事例不胜枚举。毛泽东等我党解放军高级领导人带头艰苦奋斗的情景,与旧军队的将领形成了鲜明的对比。实际上,当年访问延安的一些民主人士和国际友人,正是从毛泽东领导下的共产党人和人民军队艰苦奋斗的情景中,得出“共产党必胜,国民党必败”这一结论的。

新中国成立以后,解放军的物质生活条件有了很大改善。但毛泽东始终主张,军队官兵的待遇不宜过于优厚,否则就会脱离群众,失去人民的拥护和支持。相反,军队带头艰苦奋斗,不但有利于保持本色,提高战斗力,而且对社会也有良好的示范作用,将产生积极影响。

他说:“我们长征路上过草地,根本没有房子,就那么睡,朱总司令走了 40 天草地,也是那么睡,都过来了。我们的部队,没有粮食,就吃树皮、树叶。同人

① 《毛泽东文集》第七卷,人民出版社 1999 年版,第 162 页。

② 侯鲁梁:《毛泽东建军思想概论》,解放军出版社 1993 年版,第 141 页。

民有福同享,有祸同当,这是我们过去干过的,为什么现在不能干呢?只要我们这样干了,就不会脱离群众。”①

在党的八届二中全会上,毛泽东又一次讲到艰苦奋斗问题,他说:“一九四九年在这个地方开会的时候,我们有一位将军主张军队要增加薪水,许多同志赞成,我就反对。他举的例子是资本家吃饭五个碗,解放军吃饭是盐水加一点酸菜,他说这不行。我说这恰恰是好事。你是五个碗,我们吃酸菜。这个酸菜里面就出政治,就出模范。解放军得人心就是这个酸菜,当然,还有别的。”②

由于毛泽东等老一辈革命家的大力倡导和率先垂范,解放军长期保持了艰苦奋斗的优良作风。驻边防海岛等艰苦地区的部队就不需多说了,他们“特别能吃苦,特别能忍耐,特别能战斗”,几十年如一日,在极端恶劣的自然条件下,甚至在一些公认的“生命禁区”,为国戍边,艰苦创业,克服了许多常人难以想象的困难,默默无闻地奉献、牺牲。

驻繁华城市和富裕地区的部队,也是如此。如20世纪60年代宣扬的“南京路上好八连”、80年代宣扬的“鼓浪屿好十连”等,都是在花花世界中,继续保持艰苦奋斗作风的先进典型。从某种意义上说,在复杂的社会环境中,在奢靡的社会风气下,能够自甘清贫,不忘奋斗,“出淤泥而不染”,更加不容易。

优秀企业之所以长盛不衰,始终保持艰苦奋斗是重要原因。任正非在《天道酬勤》一文中总结了华为在互联网泡沫破灭后侥幸活下来的原因:

“其实是我们当时的落后救了我们,落后让我们没能力盲目地追赶技术驱动的潮流。而现在西方公司已经调整过来,不再盲目地追求技术创新,而是转变为基于客户需求导向的创新,我们再落后就死无葬身之地。信息产业正逐步转变为低毛利率、规模化的传统产业。电信设备厂商已进行和将进行的兼并、整合正是为了应对这种挑战。华为相对还很弱小,面临更艰难的困境。要生存和发展,没有灵丹妙药,只能用在别人看来很‘傻’的办法,就是艰苦奋斗。华为

①《毛泽东选集》第五卷,人民出版社1977年版,第317页。

②《毛泽东选集》第七卷,人民出版社1999年版,第162页。

不战则亡，没有退路，只有奋斗才能改变自己的命运。

有一篇文章叫《不眠的硅谷》，讲述了美国高科技企业集中地硅谷的艰苦奋斗情形，无数硅谷人与时间赛跑，度过了许多不眠之夜，成就了硅谷的繁荣，也引领了整个电子产业的节奏。华为也是无数的优秀儿女贡献了青春和热血，才形成今天的基础。创业初期，我们的研发部从五六个开发人员开始，在没有资源、没有条件的情况下，秉承六十年代“两弹一星”艰苦奋斗的精神，以忘我工作、拼搏奉献的老一辈科技工作者为榜样，大家以勤补拙，刻苦攻关，夜以继日地钻研技术方案，开发、验证、测试产品设备……，没有假日和周末，更没有白天和夜晚，累了就在垫子上睡一觉，醒来接着干，这就是华为‘垫子文化’的起源。虽然今天垫子已只是用来午休，但创业初期形成的‘垫子文化’记载的老一代华为人的奋斗和拼搏，是我们需要传承的宝贵的精神财富。

华为走到今天，在很多人眼里看来已经很大了、成功了。有人认为创业时期形成的‘垫子文化’、奋斗文化已经不合适了，可以放松一些，可以按部就班，这是危险的。繁荣的背后，都充满危机，这个危机不是繁荣本身必然的特性，而是处在繁荣包围中的人的意识。艰苦奋斗必然带来繁荣，繁荣后不再艰苦奋斗，必然丢失繁荣。‘千古兴亡多少事，不尽长江滚滚来’，历史是一面镜子，它给了我们多么深刻的启示。我们还必须长期坚持艰苦奋斗，否则就会走向消亡。当然，奋斗更重要的是思想上的艰苦奋斗，时刻保持危机感，面对成绩保持清醒头脑，不骄不躁。

艰苦奋斗是华为文化的魂，是华为文化的主旋律，我们任何时候都不能因为外界的误解或质疑动摇我们的奋斗文化，我们任何时候都不能因为华为的发展壮大而丢掉了我们的根本——艰苦奋斗。”

[毛泽东《在中国共产党第七届中央委员会第二次全体会议上的报告》(1949年3月5日)摘录]

因为胜利,党内的骄傲情绪,以功臣自居的情绪,停顿起来不求进步的情绪,贪图享乐不愿再过艰苦生活的情绪,可能生长。因为胜利,人民感谢我们,资产阶级也会出来捧场。敌人的武力是不能征服我们的,这点已经得到证明了。资产阶级的捧场则可能征服我们队伍中的意志薄弱者。可能有这样一些共产党人,他们是不曾被拿枪的敌人征服过的,他们在这些敌人面前不愧英雄的称号;但是经不起人们用糖衣裹着的炮弹的攻击,他们在糖弹面前要打败仗。我们必须预防这种情况。夺取全国胜利,这只是万里长征走完了第一步。如果这一步也值得骄傲,那是比较渺小的,更值得骄傲的还在后头。在过了几十年之后来看中国人民民主革命的胜利,就会使人们感觉那好像只是一出长剧的一个短小的序幕。剧是必须从序幕开始的,但序幕还不是高潮。

中国的革命是伟大的,但革命以后的路程更长,工作更伟大,更艰苦。这一点现在就必须向党内讲明白,务必使同志们继续地保持谦虚、谨慎、不骄、不躁的作风,务必使同志们继续地保持艰苦奋斗的作风。

6.争先创优:以竞赛激发官兵斗志

军队是以年轻人为主的组织。年轻人的特点是争强好胜,不甘人后。因此,培养优良作风的另一个重要方法,就是开展各种形式的争先创优活动。

从红军时代开始,解放军就有杀敌立功活动。抗日战争时期,活动形式又有新发展。到了解放战争时期,已经形成了一整套组织领导方法。杀敌立功运动与团结互助运动、新式整军运动一起,并列为解放军群众性政治工作的三大运动。

解放战争时期的杀敌立功运动是山东军区部队率先开展起来的。延安《解放日报》抓住这一新生事物,连续发表社论和短评,称赞这是解放军革命英雄主义的新发展,号召全军普遍开展。各部队积极响应,响亮提出"为人民立功最光荣","人人立功,事事立功","一人立功,全家光荣"等口号,在全军掀起了声势浩大的杀敌立功运动。从战士到干部,从连队到机关,从个人到集体,从前方到后方,从战时到平时,处处掀起了立功热潮,并逐渐形成了一套记功、评功、报功、奖功、庆功、贺功的方法和制度。

1947 年 2 月 4 日,《解放日报》发表《再论立功运动》社论指出,立功运动"已成为人民解放军争取胜利的有效工具和很大的推动力量",强调"除在军事斗争各部门应继续普及加强外,还应该在军民生产中间与土地改革中间,按着工作的性质与需要创立起规模来"。

和平年代的军队也是如此。新中国成立后,部队采取"大比武"形式,发展了群众性的争先创优活动。从 20 世纪 60 年代的"四好连队""五好战士"活动,到 80 年代初期的学航空兵一师、学"硬骨头六连"、学雷锋的"三学活动”，一直到今天仍在开展的争创先进单位、争当优秀士兵活动，都有力地促进了部队的基层建设。

如何组织争先创优活动，部队积累起一整套经验，如“比、学、赶、帮、超”。比，就是明确活动内容，设置评比标准，通过经常性的检查评比，将各单位全面建设，包括作风纪律状况加以区分。学，就是相互学习，取长补短，通过推广先进单位的经验，促进争先创优活动的开展。赶，就是鼓励和鞭策后进单位向先进学习，处处以先进为榜样，类似于标杆管理。帮，就是提倡先进单位和个人要主动帮助后进，结成帮学对子，实行对口学习，确保所有单位和个人不掉队。超，就是通过先进带后进，最终实现后进赶先进，先进更先进，促进整个部队全面建设水平的不断提高。

除了全军统一开展的以外，各单位自行组织的各种军事比武和体育竞赛活动，也有利于部队良好作风的形成。一些有光荣传统的部队，从上到下都有一股“永远争第一”的劲头，只要是比武，项项都要夺冠。用部队领导的话说，“英雄部队只认第一，不认第二”。而要想处处争第一，自然要比别的单位付出更大的努力。部队的优良作风就是这样带出来的。

事实上，部队的这种做法对企业的启发非常大。海尔总裁张瑞敏经常向员工讲起意大利梅洛尼公司的故事：

20年前，美国GE公司把意大利梅洛尼公司的负责人梅洛尼先生叫过去说：“我们决定收购你的公司，你回去准备一下。”梅洛尼先生很生气地答道：“我没有决定卖掉我的公司。”美国人撂下一句话：“那你就等着瞧吧！”

20年后，梅洛尼公司还存在，品牌还是自己的，并且家电产品已在欧洲占有相当大的份额。梅洛尼老先生这20年的日子是怎么过来的呢？他说：“这20年来，我就是拼命地跑，不敢喘气，只有这样，我的公司才避免了被别的大公司吞并。”

这是梅洛尼先生在博览会上亲自讲给张瑞敏的故事。海尔，正是将竞争机制导入企业内部的成功典型，无论是职位竞聘，还是绩效考核，日事日毕，日清日高，处处显示出竞争的压力，今天我是你的领导，明天可能你就直接领导我，大家都认可这样的游戏规则，也就激发大家以更高的激情和创新性提升自我，由此造就了海尔高效的执行力。这在一般企业是无法做到的，而海尔做到了。

7. 兵随将转:领导带头,管好重点人物

兵随将转。往往一个单位领导的作风,就是这个单位的作风。从部队来看,一支军队如果有几个甚至多个窝囊的“熊”兵,不是问题,不会影响这支部队的整体战斗力;但一支军队中,无论兵有多勇猛,如果“将”很“熊”,那这支军队整体的战斗力和士气都会大受影响。作为“将”,一定要有带动部属和影响全军的魅力。

有关这方面,毛泽东的教导是很多的,他说:“干部要处处以身作则,做战士的表率。这是做好管理教育工作的重要因素。”[①] 建设新型革命军队的首要原则,是向官兵注入革命的思想。要做到这一点,同样需要领导者和政治工作人员的模范表率作用。如果只是“君子动口不动手”式的空洞宣传,要别人冲锋陷阵,自己却躲在后面,必然被士兵讥讽为“卖狗皮膏药”,即使言词再动人,这样的政治工作也无济于事。

毛泽东上井冈山之初,工农革命军上山后正逢深秋时节,干部战士都身着单衣,为解决棉衣缺乏的困难,毛泽东率部下山打游击。由于地形和敌情不明,部队到了遂川大汾镇后突遭地方反动武装的袭击,部队被打散,跟着毛泽东跑出来的只有 30 多人,士气可想而知。当时,毛泽东果断地站了出来,挥手招呼官兵:“现在来站队！我站第一名,请曾连长喊口令！”情绪低落的战士们一下子振作起来,重新鼓起劲头儿,被打散的队伍也重新聚拢,继续投入战斗。

战场上官兵的行为常常是非理性的,最怕的是对指挥员失去信心:仗这么

① 《解放军报》1981 年 11 月 26 日,第二版。

打行吗？咱们换个打法吧？一旦产生这种想法，要打赢可就难了。因此，士兵们需要有关统帅和英雄的神话作为精神支撑。有关指挥员个人的神奇传说，常常具有强烈的心理暗示作用。

刘伯承元帅在二野部队中，就具有这样的精神魅力。据许多老同志回忆，二野历史上打过许多硬仗、恶仗，打到了白热化程度，敌我双方都拼了老本，杀得难解难分，部队伤亡很大，已经达到极限。

有的指挥员初次遇到这种局面，有点沉不住气了，开始向上级请求支援。但只要上级领导说一句"师长来了"，下面的话就不必说了，双方会不约而同地放下电话。往下传达时，也只说一句话"师长来了"，各级指挥员二话不说，马上率领部队更加勇猛地投入战斗。在二野，一句"师长来了"，是比什么都管用的战斗动员。用老同志的话说就是："将军的力量，不在于他的权力，而在于信仰。""当刘司令员与我们在一起时，就有恃无恐，同一个人，力量就增大了三倍。"许多战役就是这样打胜的。

指挥员敢于亮剑，带出的必然是嗷嗷叫的部队。电视剧《亮剑》中的李云龙，也是桀骜不驯、敢打必胜的典型。他原来是主力团的团长，因战场抗命被撤职查办，后被委派到刚刚打了败仗的独立团当团长。李云龙到独立团后，部队的作风立刻有了很大改观，敢于亮剑，敢于刺刀见红，哪怕只剩下一个人，也要继续冲锋。有心的管理者看看这些电视剧，定能从中琢磨出一些培养作风的"道道"来。

军队培养优良作风的上述经验，对企业管理者开展企业文化建设、培育企业精神有直接参考价值。仔细分析近些年一些企业文化建设开展得较好的单位，很重要的一个原因就是领导身先士卒，为员工做出了好的榜样。

《华为真相》一书就记录了不少这类小故事。如某办事处主任去机场接客户的汽车坏在路上，办事处主任二话不说，挽起裤脚，跳下冰水就去推车；搞开发的工程师们每人准备一张行军床，经常连续加班一个月不出机房，被称为"垫子文化"；等等。

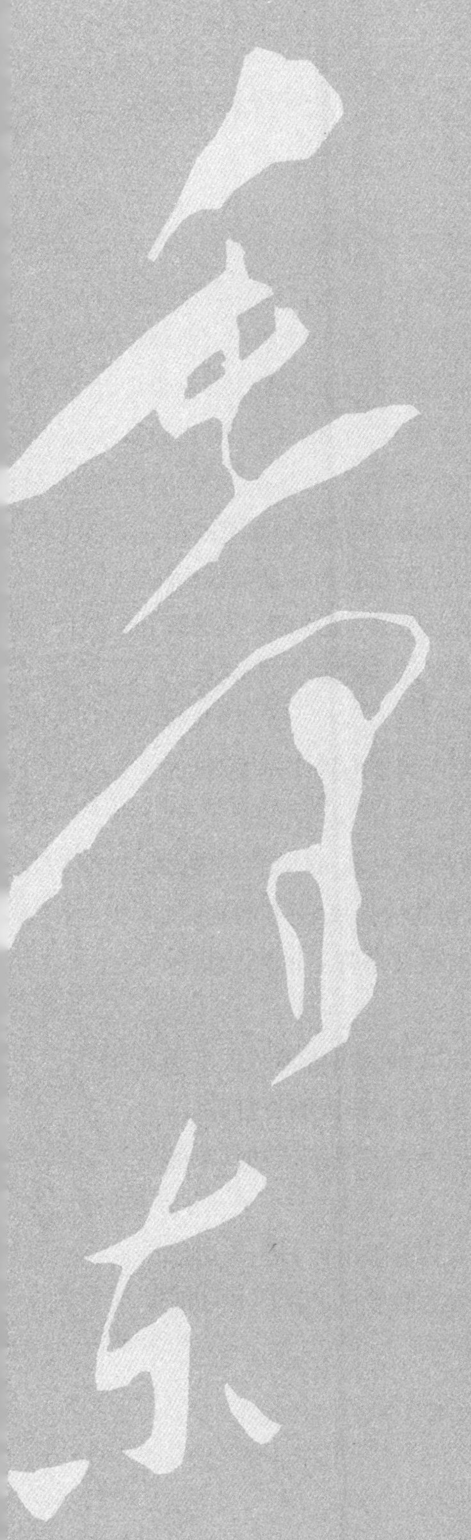

第六章

尊干爱兵

——构建和谐的上下级关系

能否处理好上下级关系，直接关系到一个组织的战斗力。古今中外任何组织都概莫能外。对此，毛泽东提出了“官兵一致”的原则。从毛泽东处理官兵关系的成功经验中，管理者会得到有益的启示。

1. 端正根本态度——与员工斗法不可取

一提到上下级关系处理得好不好，人们通常都认为是方法问题，而毛泽东则认为："很多人对于官兵关系、军民关系弄不好，以为是方法不对，我总告诉他们是根本态度（或根本宗旨）问题，这态度就是尊重士兵和尊重人民。从这态度出发，于是有各种的政策、方法、方式。离开了这态度，政策、方法、方式也一定是错的，官兵之间、军民之间的关系便决然弄不好。"[①]

正确态度又从何而来呢？由认识决定。在这方面，毛泽东有两个基本观点：一是士兵是军队的基础，二是官兵一致。

毛泽东反复强调"军队的基础在士兵，我们没有别的本事，我们的一切力量来自战士"。[②] 事实正是这样，战时冲锋陷阵、浴血奋战的是战士；平时训练、施工、抢险、救灾，流血流汗的是战士；即使在未来高科技条件下的现代战争中，战士仍然是战斗力的主体。

以往的军事理论在分析军队战斗力构成要素时，大都突出将领特别是高级将领的决定性作用，认为将领是军队的统帅和灵魂，一支军队能否打胜仗，主要靠卓越将领的天才指挥，而士兵只是陪衬，是高级将领实现其丰功伟绩的道具。

如《孙子兵法》开篇就提出，决定战争胜负的主要因素有五个：道、天、地、将、法。从这种英雄史观出发，传统的带兵理论大都站在军官的立场上，突出军

---

① 《毛泽东选集》第二卷，人民出版社 1991 年版，第 512 页。

② 同上书，第 500 页。

官的主导作用，主张军官就是管兵的，士兵都是被管的，强调"我讲你听，我说你干，我管你服"，否则就要军法从事。

毛泽东的观点却与此迥异。1958 年，毛泽东在《工作方法六十条(草案)》中亲笔写道："人们的工作有所不同，职务有所不同，但是任何人不论官有多大，在人民中间都要以一个普通劳动者的姿态出现，决不许可摆架子。"他反对把管理者和被管理者之间的关系搞成"父子关系和那样一种威压性的关系"。

解放军有一句口号："干部只有在战士当中，才能在战士心中。"强调军官要与士兵同甘共苦、打成一片，要同吃、同住、同操课、同娱乐、同劳动，反对干部的离兵倾向。当基层干部，就要生活在战士当中，才能了解情况，做好管理工作。部队明确规定，排长必须住在战士宿舍，连队领导允许住单间，但日常活动都要和战士一起进行。

笔者刚入伍时，部队营房不够，新兵连分散居住在村中。所在的新兵排被分到一所山村小学，两个班 20 多人挤住一间小教室。山区的冬天非常冷，通常都在零下 20 多度，校舍又很破旧，门都关不严，不时有雪花飘进屋里。显然，门口的铺位是最冷的。可安排铺位时，两位老兵班长二话不说，便将自己的背包放到最靠近门的地方。这件事虽然小，却给笔者留下难忘的印象，从当兵的第一天晚上起，就明白了什么叫官兵一致、以身作则。两年后，笔者也到新兵连当班长，同样是寒冬腊月，同样是借宿山村小学，笔者没有任何犹豫，就将背包放到了门口的铺位上。

现代职场流行所谓的职场政治，主张上下级之间如何钩心斗角、如何采用厚黑手段，市面上见到的管理学书籍，多半从这一思想出发，大谈"怎样搞掂鬼员工""如何与老板斗智斗法"等。甚至还有人把上下级关系比喻为"猫"与"鼠"的关系，主张"猫"必须研究"老鼠"的习性和规律，也就是先了解刁钻员工之陋习，当他们"作恶"之时，果断出击，与他们坚决斗下去，否则永无安宁之日。有的企业天天上演着这种"猫抓老鼠"的游戏。

这种管理思路的合理性、可行性令人质疑。老板将员工视为对立面，处心积虑地与之斗法，是否可行？员工那么多，老板只一人，斗得过来吗？即便斗得过来且常能取胜，就不觉得累吗？整天斗来斗去，究竟又是为什么？

说实在的，如果比谁心眼多，且不说你分不出输赢好坏来，分出来又能有什么结果呢？倒不如像毛泽东那样，从解决态度问题入手，处理好上下级关系，这才是具有建设性和可行性的办法。

态度取决于认识。在许多管理者眼中，企业的基础只是少数精英，也就是那些能为企业带来丰厚回报的人才，而不是普通员工。普通员工有的就是招之即来，挥之即去，企业录用了他们，等于给其一口饭吃，本身就是极大的恩惠。所以，根本用不着另眼相看，以礼相待，干得好了也不妨奖励奖励，干得不好干脆一开了之。以这种心态看待员工，其结果可想而知。

从优秀企业的情况看，显然都不是这种思路。世界三大快递公司之一、美国联合包裹 UPS 的亚洲总裁提出，我们要照顾好员工，员工自然就会照顾好客户，进而照顾好我们的利润。

海尔公司张瑞敏说，企业“对员工忠诚，员工反过来就会对你忠诚；对员工负责，员工反过来就会对你负责”。翻翻国内外著名企业的文化手册，不难发现，类似论述随处可见。相反，找不出任何一家知名企业，是因老板善于与员工斗法而发展壮大的。不同的态度，自然引出完全不同的管理思路，产生不一样的结果。

2.以情带兵:大熔炉、大学校、大家庭

带兵就要爱兵。人是万物之灵,是讲感情的。尤其是中国人,特别看重一个情字,讲究“士为知己者死”,“为朋友两肋插刀”。战国时期有位军事家曾提出要带出“父子之兵”,并在带兵实践中身体力行,甚至亲自为士兵吮疮疗伤。解放军著名将领彭德怀元帅也说过,一个酷爱士兵的指挥官,他总能喝到祝捷的宴酒。

古今中外的领军者一直强调爱兵,更多的是指一种感情投资,是讲回报的。而解放军讲爱兵,讲的是阶级友爱,是一种基于共同信仰的爱,是一种不求回报的爱,性质上迥然不同。

关于这一点,毛泽东在《为人民服务》中有一段经典论述:“我们都是来自五湖四海,为了一个共同的革命目标,走到一起来了。我们的干部要关心每一个战士,一切革命队伍中的人,都要互相关心,互相爱护,互相帮助。”①

解放军对士兵的爱不仅在性质上有别于其他军队,而且在表现内容方面也有所不同。具体说,特别强调以下三点:

首先是思想上关心。解放军历来有革命大熔炉之称。革命大熔炉,就是强调要从政治上关心官兵,通过思想教育和实际斗争锻炼,帮助他们树立正确的政治观点,形成坚定的理想信念,养成良好的道德品质,进而茁壮成长,百炼成钢。关于这一点,朱德元帅讲得非常明白,“带兵也主要是靠提高战士的阶级觉悟”。战士的觉悟提高了,“兵就带住了,部队就巩固了,这就是政治上

① 《毛泽东选集》第三卷,人民出版社1991年版,第1005页。

的保证”。[①]

企业也是一样，对骨干人物也要从思想上去关心，在他们思想出现不好苗头的时候，要多谈、多关心、多帮助，让他感受到，领导的提醒是为他好，而不能放任不管。真到了“挥泪斩马谡”的时候，再关心可就晚了。

有一位企业家曾经谈到这样一件事：他对自己的副手非常信任，曾把一些签字报销的权力给他。后来发现，这位副手利用这个权力钻空子，为自己多报多领经费，有时一个月的茶叶费就能报销5000块钱，说他吧，又怕伤和气，可不说他吧，这样的行为对其他员工影响很坏。怎么办呢？

后来，他从部队学到一个方法，叫“拽袖子”。先是高层开会小范围提醒大家：“我们都是公司的领导，单位的骨干，我们的一举一动全在员工的监督之下，都对员工产生重要的影响。所以，要想有威信，要想工作顺利，自身就要行得端，做得正，处处以身作则，严格要求自己。严格要求包括什么呢？其中之一就是不能占公家便宜。”话没有说得特别透，不讲具体人、具体事儿，给当事人留了面子。可当事人一听就明白了，很快调整了自己的行为。

为什么当年部队的生存环境那么险恶，生活条件那么艰苦，可凡是当过兵的人，对自己的军旅生涯却始终念念不忘，对部队首长充满了感激之情？应该说，这种政治上的成长进步是主要原因。

其次，是业务上培养。解放军历来又有大学校之说。继父母、学校老师之后，带兵干部是战士的第三任老师。爱战士，不仅要关心他们在部队期间的工作表现，还要帮助他们解决现实困难，更重要的是为他们的前途着想，把他们真正培养成才。使他们在部队期间是个好兵，且有发展；即便是转业回到地方，也能凭文化素质和一技之长，继续为社会做贡献。这既是战士们的迫切要求，也是其家长和亲友们的殷切期望。

把部队办成一所大学校，一直是解放军各级领导追求的管理目标。他们

① 王安：《论古今中外军队管理》，军事科学出版社2001年版，第118页。

在这方面做了大量探索，取得了突出的成绩和丰富的经验。注重培养人才已成为解放军的一个光荣传统和显著特征。特别是改革开放以来，全军深入持久地开展了学习科学文化知识，培养军地两用人才活动，使解放军育才工作发展到新的水平。

第三，生活上关心爱护。解放军还有革命大家庭之比。战士远离家乡和亲人，参军来尽义务，难免遇到一些困难。到部队后，各级首长和老同志就是他们的亲人，处处关心和照顾他们，嘘寒问暖，排忧解难。从生活上关爱战士，也包括关心他们的家庭，帮助他们解决家中遇到的困难。把爱一直延伸到官兵的家庭，是人民解放军独有的传统。

毛泽东曾经说："干部要时刻关心战士，体贴战士。这是检验每个革命干部有没有群众观点的标准。我们的干部要时刻关心战士的疾苦，解决战士的困难。只有这样，才能使我们的部队真正成为一个充满着阶级友爱，充满着阶级感情的革命大家庭，才会团结得像一个人一样，成为不可摧毁的力量。"[①]"官长，特别是和士兵接近的连上官长，应当随时看视伤病员，送茶水给他们吃，晚上替他们盖被窝。他们觉得冷，要替他们想办法，如向别人借，增加衣服。以上这些照护伤病员的方法，要定为一种制度，大家实行起来，因为这是最能取得群众的方法。"[②]

许多企业家感到员工关系不好处理，对员工批评不得，一说就被顶撞，因而管理起来畏手畏脚。为什么说不得？原因就在于平时对员工的关爱不到位。相反，部队有一些干部，他说什么战士都听，是因为平时有感情基础。

某部队曾经有一个模范指导员。有一年部队接新兵，发现一位新战士有"夜遗"的毛病，部队决定把他退回去。这位新战士很没面子，要死要活的。后来，还是模范指导员把他接收下来，边工作边带着这个兵治病，中医西医，各种方法都用尽了，仍然不见效果。医生说，看来只有一个办法——生物调节。于是，

① 侯鲁梁：《毛泽东建军思想概论》，解放军出版社1993年版，第247页。

②《毛泽东文集》第一卷，人民出版社1993年版，第112页。

指导员每天半夜两点叫新兵起床，甚至发高烧的时候也在坚持。有一段时间，这个新战士自己都心灰意冷了，对指导员说，我不治了，你把我退回地方吧。但指导员还是坚持，经过180多个晚上，这个战士终于养成了按时醒来上厕所的习惯。后来，模范指导员结婚那天，他曾经带过的300多个兵，从全国各地赶来，其中还有9个战士的父母也亲自赶来，对指导员有说不尽的感激。

现在有些单位领导也讲关爱员工，但大都是从情感投资的角度，来强调爱员工的重要性。说白了就是，老板只有关爱员工，员工才会好好干活，为老板多赚钱。与企业厚黑学比，这种“感情投资”无疑是个进步，但也会产生副作用。

投资是要讲回报的，如果老板对员工的关爱没能得到回报，或者回报得不够多、不够及时，从投资的角度看，老板不就吃亏了吗？他还能够继续关爱员工吗？员工也不是傻瓜，如果他们意识到老板的爱只是一种投资行为，他们又会怎么想呢？他们能够以无私奉献、爱厂如家来回报吗？这种基于利害的、期求回报的爱，能够真正起到激励员工的作用吗？

《史记》中有这样一个故事，西汉时期很有名的“飞将军”李广，一向以爱兵如子著称。一位士兵腿上长了疽，他亲自用嘴为他吮出脓汁。可士兵的母亲听到这个消息后，不仅不感激，反而号啕大哭。旁人不解，问她为什么。这位母亲说，李将军对士兵好，是为了让士兵打仗时为他卖命。我丈夫就是这样阵亡的，看来我的儿子也保不住了。可见，谁都不傻，人们非常看重爱兵背后的动机。

总之，要想解决上下级关系问题，具体招法固然重要，但更需要换一个角度，重新考虑一下关爱员工的动机和出发点。

3.尊重每一位部属的人格

战争是意志的较量,不仅仅是统帅之间的较量,而且是官兵对官兵的较量。官兵平等、上下同欲的道理谁都懂,可真正做到,并形成一种作风,却是很不容易的一件事情。

开国大将粟裕说,他当年之所以参加共产党的军队,就是因为共产党军队尊重士兵,没有打骂体罚士兵的恶习。他说,现在的人很难理解这一点对当时想从军的年轻人的吸引力有多大!

在旧中国军阀统辖的军队里,当官的打骂体罚士兵是家常便饭,唯有毛泽东的军队,是在真正地提倡官兵平等、上下同欲。据不完全统计,抗战期间在热河省共牺牲党政干部500多名,战士6000多名。毛泽东指挥下的军队,干部与战士牺牲的比例之高,是其他军队不能相比的。

建军之初,红军内部围绕官长应不应该打骂、体罚和污辱士兵,时常发生激烈的争论。

三湾改编时,毛泽东就提出这个问题,可并没有引起足够的重视。因为一些旧军官打人已成习惯,不打就不会带兵。他们提出,“鸟是养出来的,兵是打出来的,不打不骂怎么成”;“棒头底下出孝子,皮带底下出好兵”。所以,尽管毛泽东三令五申,反复劝阻,可部队中的肉刑仍屡禁不绝。

时至今日,在许多军队中,打骂、体罚和污辱现象屡见不鲜。著名的西点军校对新学员的虐待和捉弄是出了名的。它有一个理论,就是新学员来了,首先要把其锐气、自尊心和傲气都彻底打掉,然后才好重新塑造。

在西点军校,任何管理者和老学员都可以随时向新学员提出任何刁钻的问题，如“学校会议厅有多少盏灯？”“蓄水池能蓄多少升水？”后者如不能很快答出，就会受处罚——从简单的罚跑、罚站、罚做俯卧撑，到吃肥皂块、绳子头、眼药水。曾经有一个学员因不堪这种污辱而自杀，惊动了国会议员，以至国会派专门的调查组进驻西点军校。为此，西点军校修订了《学员队规章》，明文规定“禁止欺侮新生”。可事情平息后，情况并无根本好转，并没有从根本上改变西点军校的这种风气。试想，用这种方法训练出来的军官，会怎样带兵？所以，美军内部的官兵关系一直比较紧张。

当年，红军也面临同样的管理难题。所以，毛泽东反复强调，带兵者首先要尊重士兵，绝对禁止污辱士兵。在古田会议上，毛泽东用了很大篇幅，专门分析肉刑的来源、废止肉刑的理由及肉刑对红军的危害，提出了废止肉刑的具体办法。古田会议后，红军内部普遍开展了“废止肉刑运动”，才彻底告别了靠打骂体罚管理部队的陋习，形成完全新型的官兵关系。

以后各个历史时期，毛泽东一直把反对军阀主义，禁止打骂、体罚和污辱士兵，作为军队建设和管理的一个重点。通过长期开展反对军阀主义的教育，20世纪六七十年代，解放军基本消灭了打骂、体罚和污辱战士的现象。当然，个别军官违反规定的情况也许存在，但从总体上看，这方面已不成问题。如果哪个单位发生了干部打骂、体罚和污辱战士的行为，那是非常严重的违纪事件，当事人会受到严厉处分。

在民营企业中，打骂、体罚员工的现象虽然并不普遍，但训斥、污辱员工的现象屡见不鲜。有的管理者整天不苟言笑，板着个脸，对员工动辄训斥，而且话说得很难听，动不动就责骂员工“不长脑子”“笨得像猪一样”，质问他们“还想不想干了”，“不想干就给我滚蛋”。稍遇顶撞，就将员工扫地出门。在这些企业，上下级关系就像猫鼠关系，员工根本不敢也不愿与领导接触，平时躲得远远的。在这样一种氛围里，员工怎么可能有高昂的士气。

相反，许多世界顶级企业，却将“尊重个人”列为企业核心价值观之首，如IBM、惠普、东芝、本田等。国际著名的大公司蓝色巨人IBM总裁沃森制定了著名的“三大准则”,第一准则便是“必须尊重员工”。IBM 公司的几万名员工,都能得到总裁沃森的尊重。沃森常说:“我十分讨厌对员工的不尊重,公司最重要的资产不是金钱或其他东西,而是由每一位员工组成的人力资源。”世界零售业巨头沃尔玛公司所倡导的企业文化,第一条也是“尊重个人,以员工利益为重”。

4.和群众做朋友，而不是去做侦探

中国自古以来一直有“带兵如带虎”之说。因为，战士手中有武器，管理不好战士，必定会激化矛盾，酿成大祸。同样，在现代商业战场上，如果企业核心团队成员因上下级矛盾而“背叛”或“起义”，也会造成巨大的损失。对此，毛泽东提出一个很好的解决方法——干部群众化。

在《关于农村调查》一文中，毛泽东说：“要和群众做朋友，而不是去做侦探，使人家讨厌。要在谈话的过程中，给他们一些时间摸索你的心，逐渐地让他们能够了解你的真意，把你当做好朋友看，然后才能调查出真情况来。”[①]他强调说：“没有满腔的热忱，没有眼睛向下的决心，没有求知的渴望，没有放下臭架子、甘当小学生的精神，是一定不能做，也一定做不好的。”“你的架子越大，人家就越不买你的帐。”[②]

在土地革命时期，毛泽东就深入群众了解情况，从群众中吸取了智慧，掌握了丰富的资料。到了抗日战争时期，许多知识分子来到延安，毛泽东又强调了文艺创作也要从群众中来，到群众中去，向群众学习，创作出能够代表广大劳动人民利益的作品。

新中国成立后，干部群众化的原则在军队中得到进一步的发展。1958年《解放军报》等发表了一篇通讯。报道说，这年2月，解放军第13军第37师政委何云峰，身穿战士服装，佩戴列兵军衔，来到“红军团”第八连第一班当兵。

①《毛泽东农村调查文集》，人民出版社1982年版，第21~27页。

②《毛泽东选集》第三卷，人民出版社1991年版，第790页。

何云峰一到连队，就完全按照一个战士的标准来要求自己，很快就与战士们打成一片，成了他们的知心朋友。连队迅速出现了轻松活泼的局面，军事训练和各项工作都搞得有声有色。

毛泽东看了报道之后大为赞赏，在这年的北戴河中央政治局扩大会议上，号召“军队干部下连当兵”。解放军总政治部在这年 9 月 20 日发出指示，把军队各级干部每年下连当兵一个月定为制度。这个具有重大意义的革命措施，得到了广大官兵的热烈拥护，也成为解放军的光荣传统。

为此，总政治部专门做出规定，要求全军干部除年老、体弱、有病者外，每人每年至少要用一个月时间下连当兵；没当过兵或没做过基层工作的机关干部，第一次当兵时间应为半年或一年。下连当兵的干部，应编入班、排，归班、排长领导，在连队过组织生活，与士兵同吃、同住、同劳动、同操作、同娱乐。期满时，连队应对下放干部做出评定，干部也要写出一至两篇有关连队工作经验的总结。

按照总政的要求，当时全军普遍组织了下连当兵活动。包括许世友、杨成武、杨得志、邓华等一大批高级将领在内的 82 万名军官相继下连当兵。如时任济南军区司令员的杨得志上将，着列兵衔，背着背包来到某部六连四班当兵。当兵期间，他和战士一起站岗放哨，一起执勤训练，一起摸爬滚打。一个月后，该班给杨得志的鉴定是：“服从班长领导，遵守制度，团结友爱好，劳动观念强，勤学苦练，四次射击三次优秀，是我们学习的好榜样。”全连还一致评选杨得志为“五好战士”。

高级将领如此带头，其他干部自然不会落后。这一活动的开展，对于改进领导干部和领导机关的作风，密切官兵关系和上下级关系，加强基层建设，起到了明显的促进作用。电影《哥俩好》就是这一段历史的真实反映。

显然，毛泽东是坚决站在人本主义一边的。他认为，做好管理工作的前提是了解部属，而要了解部属就必须深入群众。当了干部就高人一等，那是旧军队的作风。只有深入群众，群众化了，才能和战士真正打成一片，战士才敢接近你，才能把心里话告诉你，才敢大胆地向你提出意见；如果管理者始终高高在上，与下属之间形成隔膜，群众有话便不愿说，有情况也不愿反映，当领导的就无法实现有效管理。

1998年，受经济危机影响，印度尼西亚国内发生大规模骚乱，华人成为当地暴徒攻击的首要对象，众多华人店铺被洗劫一空。令人不可思议的是，华人企业家陈江和的企业却安然无恙，而且还在危乱中不断发展扩大。

后来，这位被称为“商界奇才”的陈江和谈及此事，感慨地说：“我读了很多毛泽东的书，里面讲到要跟人民群众打成一片，如鱼水关系。我做生意是为老百姓谋利益的，我的工厂是老百姓的生计来源，有人要搞破坏的时候，群众就阻拦说‘这是我们的饭碗，不能破坏’。”毛泽东就这样成了这位华人企业家的大救星。

“干部群众化”，其实是一条最“时尚”的管理学原则。杰克·韦尔奇就主张管理者要“深潜”“走动式管理”，他说自己每周至少有一半时间花在员工身上，和他们相处，了解他们的想法。

沃尔玛公司的老板为了让管理层能经常“走下去”，甚至将办公室的椅子背统统锯掉。这些为现代管理津津乐道的经验点滴，其实都是“细节里看见思想”，与毛泽东倡导的“干部群众化”思想是高度吻合的。

5.开展尊干爱兵活动

上下级之间免不了会产生矛盾，而且很多矛盾都是日积月累形成的，只有每隔一段时间，通过一定的活动形式，把这些问题摆到桌面上来，误会才能及时得以消除，矛盾也不至于激化到不可收拾的地步。

解放军开展了几十年的尊干爱兵运动，就是在实践中总结出来的，用以密切官兵关系的一项主要活动。

尊干爱兵运动最早开始于抗日战争时期，是当时陕甘宁边区联防军为克服部队管理中普遍存在的主观主义、命令主义和惩办主义，检讨和改善官兵关系而率先开展起来的。党中央、中央军委对联防军的这一做法高度重视，总政治部及时总结介绍了他们的经验，号召全军向他们学习。

1944年12月，毛泽东在《一九四五年的任务》一文中，指示全军“应在每一部队内部举行拥干爱兵运动，号召干部爱护士兵，同时号召士兵拥护干部，彼此的缺点错误，公开讲明，迅速纠正，这样就能达到很好地团结内部之目的”。于是，这一活动在全军普遍展开，成为战争年代解放军政治工作最有影响的三大运动之一。

尊干爱兵运动，并不是提提要求、喊喊口号或领导做几场报告，而是有计划、有领导的群众性自我教育活动，包括一系列的活动内容和组织工作。每次活动一般都要经历三个阶段。

第一阶段：思想酝酿。从打通思想入手，充分认识改善官兵关系的极端重要性，承认本单位在这方面存在问题，愿意开展批评和自我批评，从而创造官兵开诚布公、积极反省的良好氛围。首先领导自己思想要通，然后表态，欢迎下属提意见,承诺不打击报复。为了打消下属顾虑,有时可以采取“背靠背”的方式。

第二阶段:召开民主大会,检讨官兵关系。由上级首长亲自动员,号召士兵打消顾虑,本着“知无不言,言无不尽;言者无罪,闻者足戒”的态度,对官兵关系方面存在的问题进行公开批评。要求干部虚心听取群众意见,认真省察自己的错误。

第三阶段:制定尊干爱兵公约。用文件的形式,将活动成果巩固下来,确立定期检查总结的制度,使尊干爱兵贯穿于战斗、训练、生产和日常生活全过程,促进官兵关系的持续改善。

尊干爱兵运动是解放军长期处理官兵关系的经验结晶。其要旨是,用整风的精神,发动群众,公开揭露问题,通过批评与自我批评,达到消除隔阂、化解矛盾、增进理解、密切关系之目的。60 多年来,解放军担负的任务、部队的成分均已发生很大变化,可尊干爱兵活动作为改善官兵关系的重要举措,至今仍发挥着积极作用。

任何一个单位都不可避免地存在领导与被领导之间的矛盾。如何处理这些矛盾,防止矛盾激化? 管理者苦于缺少办法。不妨参考一下解放军开展尊干爱兵活动的具体做法:

一是明确要求。开展尊干爱兵运动,首先必须明确要求,对上下级关系加以规范。而且这些要求还不能太笼统,必须针对上下级关系方面存在的倾向性问题,有很强的可操作性。解放军始终坚持官兵一致,官兵平等,但各个时期对尊干爱兵的要求也有所不同。

例如,《内务条令》对尊干和爱兵各提出六条要求,即“双六条”。要求军官、文职干部对士兵应该做到:“(一)严格管理,耐心说服,关心士兵的成长和进步;(二)了解士兵的情况,妥善解决与士兵的矛盾;(三)尊重士兵的民主权利,不压制民主,不打击报复,不打骂、体罚和污辱士兵;(四)不收受士兵的钱物,不侵占士兵的利益;(五)以身作则,公道正派,对待士兵一视同仁;(六)关心士兵生活、安全和健康,照顾伤病员,热情接待来队的士兵亲属。”同时,要求士兵对军官、文职干部做到:“(一)尊重军官和文职干部,服从领导和管理;(二)忠诚老实,主动汇报思想;(三)犯有过失时,诚恳接受批评,勇于承认并坚决改正错误;(四)不当面顶撞,不背后议论,不搞极端民主化;(五)照顾军官、文职干部和有病的同志,不搞绝对平均主义;(六)关心连队建设,爱护集体荣誉,积极协助军官和文职干部做好各项工作。”

笔者认为,解放军尊干爱兵“双六条”概括得比较好,对企业管理者有一定参考价值。只要将其中个别词调整一下,完全可以用于规范企业内部的上下级关系。

要开展尊干爱兵运动,仅有原则要求是不够的,还需要针对上下级关系中最容易出现的问题,做出更具体的规定。

从军队情况看,基层干部大都为年轻人,政策水平和实际经验有限,处理问题容易头脑发热。所以,又特别规定了处理官兵关系时必须把握的若干政策界限。包括严禁打骂、体罚和污辱人格,不准扣压或私拆个人信件,不准随意搜查私人物品,不准压制和打击检举、揭发和申诉者,不准扩散和公开官兵个人及家庭的隐私,不要轻易搞当面对质来澄清问题,不要对已经改正错误的同志翻老账,不要随便向战士家乡政府和家长亲友反映其存在的问题,不得滥施处分,等等。

每次活动检讨官兵关系时,这些政策的执行情况都是重要内容。军官违反了这些规定,必须做出检查,受到处理。从部队的情况看,只要这些政策性规定得以落实,官兵关系方面一般就不会发生重大问题。

二是培养和宣扬典型。要开展尊干爱兵活动,必须树立典型。通过先进典型,将各级领导倡导的良好官兵关系展现出来,变为可知、可感的形象,以便于官兵学习和效仿。

解放军历史上培养和宣传的尊干爱兵方面的典型非常多, 其中最有名的是“爱兵模范”王克勤。王克勤是解放战争时期中原野战军6纵的普通一兵。参加革命前曾三次被国民党抓壮丁,吃过许多苦。上党战役中,他第三次被解放军俘虏，经过事实教育，认识到解放军与旧军队根本不同，自愿留了下来，成为一名解放战士。他作战勇敢，军事技术好，在人民军队的19个月里，先后参加20多次战斗，消灭敌人200多名，成为二野有名的战斗英雄。

王克勤最突出的表现是在他当上班长、排长后。他常以自己的亲身经历教育部属，提出“在家靠父母，革命靠互助”，组织战士开展“思想、体力、技术”三大互助活动。对新战士，他嘘寒问暖，亲自端洗脸水、洗脚水，用实际行动展现人民军队的优良传统。当时，部队生活艰苦，战斗残酷，有一个新战士开了小差。没想到4天后又回来了。问他怎么回事，战士说，我就是想家，想回去看看，可走了两天，越想越难受，觉得对不起班长。班长对我比父母都好，我实在舍不得离开他，就又来了。

王克勤的带兵事迹被上级机关发现后，各级领导给予极高评价，包括延安的中共中央机关报《解放日报》，也专门发表了向王克勤学习的社论，要求在全军普遍开展“王克勤运动”。后来，王克勤在攻打定陶的战斗中英勇牺牲，刘邓首长亲自写文章表示悼念。他生前所在排也被命名为“王克勤排”。

王克勤是战争年代涌现出的爱兵典型。实际上，解放军各个时期都涌现出一大批爱兵模范。据笔者所知，仅新战士进行手榴弹投掷训练中，为掩护战士而牺牲的干部就不下几十人。

每年的春节晚会已成为一道精神大餐，人们都希望在第一时间和家人一起欣赏。这在一般人并不难做到，可部队却不行，因为总要有人站岗放哨，坚守值班岗位。为此，一些尊干爱兵活动开展得好的连队率先提出，大年三十晚上的岗哨，由干部包下来，让辛苦了一年的战士能在第一时间看到春节晚会。这一做法被报道后，许多单位纷纷效仿，以致形成了惯例。

为了节约开支，杜绝浪费，连队一直强调吃多少拿多少。应该说，多数战士都能按要求做，可也有个别人做得不好，一次拿得较多，吃不了就随手倒掉，甚至将整个馒头丢进泔水缸。干部发现后，通常都会批评教育，可道理讲了不少，有些人就是不往心里去。某部队一位基层干部，就不是一味地讲道理，而是当着这位战士的面，将扔进泔水缸的馒头捡出来，然后一口一口地吃掉。这种处理方法超乎常理，却收到极好效果，战士被感动得当场流泪，从此单位很少出现浪费粮食的现象。

近些年来，解放军开展了“双四一活动”。要求战士做到“四个报告”、一个“依靠”，即向领导报告自己在哪里、在干什么、在想什么、需要什么，坚持依靠组织解决各种困难和问题；要求干部对战士做到“四个知道”、一个“跟上”，即知道战士在哪里、在干什么、在想什么、需要什么，思想工作要跟上。通过开展这一活动，进一步调动了管理者与被管理者两方面的积极性，密切了官兵关系，增强了部队的凝聚力和战斗力。

现在许多企业家对员工情况的了解非常有限，往往只看到员工上班时间在办公室里干了些什么，不清楚他们都在想什么，需要什么。正常情况下，似乎也无不妥。可等到员工出了事，或者突然上交辞职报告，才大吃一惊。

而学习部队基层干部与战士实行“五同”，积极开展“双四一活动”，通过“吃饭看饭量，睡觉看安稳，走路看姿态，娱乐看情绪，工作看劲头”，随时掌握战士的思想动态，就会有针对性地做好管理教育工作。如果企业家对员工的了解能达到部队这样的程度，管理水平一定能上一个台阶。

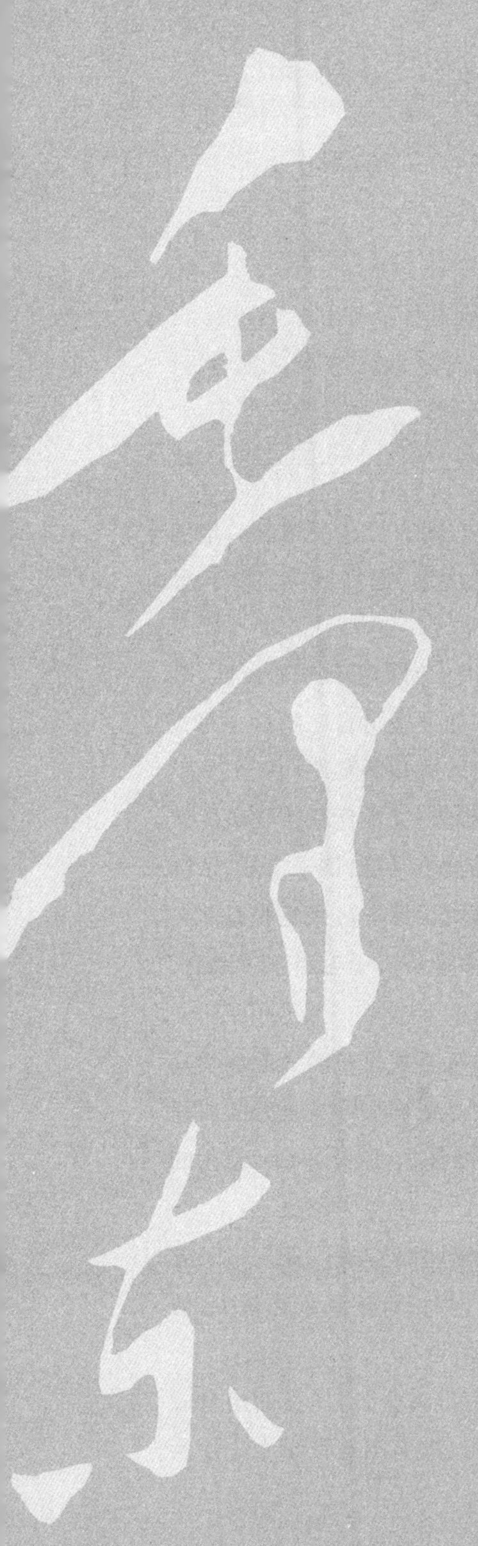

第七章

实践育人

——建立高效的学习型组织

怎样才能把企业真正建成学习型组织？这是管理者需要解决的一个重大课题。毛泽东领导下的人民解放军历来有“大学校”“大熔炉”的美称，无论是革命战争年代，还是和平时期，毛泽东麾下真是“谋臣如云，战将如雨”，随便拉出几位，就能独当一面，打出一片天地。毛泽东在育人方面所创造的许多成功经验，值得企业管理者学习。

1.与众不同的育人模式

理论联系实际是毛泽东思想的精髓,也是毛泽东育人思想的精髓。他强调学理论、学知识本身不是目的,关键是要从实际出发,提高解决实际问题的能力。

无论是在大革命时期主办农民运动讲习所,井冈山时期办红军教导队,瑞金时期创办红军学校,还是到延安后办抗大,毛泽东始终坚持自己的这一育人思想,其标志就是毛泽东为抗大制定的教育方针、校训及办学模式。

在抗大讲课时,毛泽东格外注意联系国际国内形势,又注意联系学员的实际情况。每逢讲课前一夜,他都在窑洞附近的大树前挂上马灯,请来学员、干部了解情况。讲课中的休息时间,他也经常找学员谈话,了解学员来延安以前在各地区的情况,同时征求大家对他讲课的意见。许多学员听了毛泽东讲课后,深有感触地说:"毛主席讲到我们心窝里去了。"

根据毛泽东的办学思想,抗大的政治理论教学,从不安排长篇大论地学马列原著,也不讲克劳塞维茨《战争论》一类的东西,而是根据实际斗争的需要筛选教学内容。实际工作最需要什么,就教什么;学员缺什么,就补什么。急用的便先学,"不急之务"则后学或暂时不学。

当时,抗大各个时期学员成分复杂。前两期主要培训红军骨干,第三、四、五期主要培训来自全国各地的知识青年,第六期以后,知识青年的数量减少,抗大的培训对象即以八路军基层干部为主。

针对这一情况,每期开课前,抗大都要召开教育准备会,对学员的出身成分、斗争经验、文化水准、理论基础等,逐项进行分析,进而明确教学中应注意的问题。

例如，对文化程度较低、接受能力较差的工农干部，抗大首先安排文化补习，教学中强调少讲多做，“先讲必要的前提，然后才来发问，把大问题分成若干小问题，每个问题中有着一定的联系，使得听课者能在教员诱导之下，从问题的各个侧面，了解到问题的全部”；对于知识青年，则以问答式教学为主，组织学员展开自学和讨论，充分发挥其善于思考的优长；对于有丰富经验的高中级领导干部，则强调以自学为主，学习与研究相结合，利用难得的学习机会，组织来自全军各部队的领导干部相互交流，认真总结带兵、作战经验，不断充实抗大的教学内容。

同时，抗大在教学方法上也力求突出重点，画龙点睛，讲清基本原理和主要观点即可，不刻意追求教学内容的系统完整，不搞烦琐哲学和反复论证。这也是出于实际的需要。抗大学制最长的十个月，短的不到半年，在如此短的时间内，要培养出大量军政兼优的指挥干部，不讲究教学内容的少而精是不行的。

后来，毛泽东又将这一教学思想进一步引申，明确提出不仅战时培养干部要贯彻“少而精”的原则，正规的院校教育也应注意这一问题。他多次谈道：“书不能读得太多，马克思主义的书要读，也不能读得太多，读几十本就行了。读多了就会走向反面，成为书呆子，成为教条主义、修正主义。”[①] 毛泽东还谈道，从陆军大学毕业的国民党军官，都打不好仗，而从黄埔军校只学几个月就出来的人却能打好仗，这绝不是个别现象。

毛泽东亲手打造的抗大教学模式，是对中国传统教育方法的超越。这些教学方法的精髓就是一个“活”字，既要活学，又要活用。比如抗大刚成立时，军事课讲的主要是土地革命战争时期的战例、战法。随着抗日战争进入相持阶段，部队所面对的战争环境和作战对象都发生了变化，作战形式也有很大发展，出现

① 《建国以来毛泽东文稿》第十一册，中央文献出版社 1996 年版，第 23 页。

了地雷战、地道战、麻雀战、破袭战、平原游击战等新的战法。

为了使培养出来的学员适应实战的需要，抗大专门成立了军事研究室，及时搜集和整理部队最新的战例、战法，经过认真研究，编写成新的教材。抗大还组织教员轮流下部队代职，体验部队生活，亲自参加战斗，帮助一线指挥员总结作战经验，直接为提高部队战斗力服务，同时将这些最新研究成果带回课堂。

例如，历史上解放军长期依托山区作战，对平原如何开展游击战争缺乏经验。抗大便组织教员、学员参战团，直接开赴冀中平原，利用青纱帐和村落与敌周旋，边打仗，边总结，边教学，很快就摸索出一套平原游击战争的战法。这样既充实了教学内容，又培养出一批熟悉平原游击战术的将领。

提到活学活用，很容易让人联想到"文革"中林彪提出的学习毛泽东著作的"三十字方针"，即"要带着问题学，活学活用，学用结合，急用先学，立竿见影，在用字上狠下功夫"。当年，这几句话被吹嘘为最符合毛泽东思想、最实际有效的学习方法。

林彪垮台后，"三十字方针"连带受到批判，又被说成是林彪破坏学习毛主席著作的罪行之一，不利于人们完整、准确地理解马列主义、毛泽东思想理论体系。其实，抛开政治上的是非功过，平心静气来分析，林彪倡导的这套学习方法并非他个人的发现或发明，而是对战争年代解放军培养干部成功经验的一种高度提炼。除了立竿见影的要求有些过分外，其他几条作为教学方法都有一定道理，历史上也确实收到了好的效果。

毛泽东这一套育人思想，对当今许多企业家都有深刻的影响。例如，海尔公司张瑞敏提出的培训原则是："选准母本、清楚目标、找出差距、需什么学什么、缺什么补什么、急用先学，立竿见影。"在培训形式上，他强调"现场、案例、即时、互动"。海尔大学的校训是"创新、求是、创新"，即要求每位学员都带着创新的动机和现有的创新成果入学，通过互动、学习，寻求事物发展的普遍性规律，并将其总结为管理模块，然后再运用到实践中，在新的创新模块平台上进行更高水平的创新，形成一个不断循环、螺旋上升的过程。

现代管理教育十分推崇哈佛商学院的案例教学法。其实，这种教学法并不新鲜，抗大早已运用过了，而且用得相当自如，更有创意。抗日战争的基本样式是“扫荡”与“反扫荡”，如何在大兵压境时跳出敌人的合围圈，是当时八路军部队普遍遇到的问题。抗大通过对前线大量战例的研究，及时总结出一个“利害变换线”，即以敌合击目标地的一日行程画线，当敌人进至这一线时，八路军应及时起跳，从两路敌军中间穿插出去。若跳早了，敌人很快就会追上来；跳晚了，就会被敌人包围。采用这个办法，抗大总校成功地挫败了1942年5月华北日军的四路合击。学员从课堂上学习这一战法，然后直接参加实战，战后再加以总结，可想而知印象会有多深。

著名管理学家亨利·明茨伯格写过一部很有影响的著作《管理者非MBA》，在书中，他对通行的MBA教学模式进行了猛烈抨击，认为这种教学模式将管理问题简化为决策，又将决策简化为分析，然后交给学生一些现成的分析工具，让他们照葫芦画瓢，去解决实际中的管理问题。结果，这些自视甚高、以为拿到“九阴真经”的MBA们，走上工作岗位后，就像不懂事的小男孩拿到一把锤子，会把看到的所有东西都当作钉子，砸它个一塌糊涂。

在分析现有MBA教学弊端的基础上，作者提出了八条改进建议，论述文字很长，但核心论点就是一个，即管理教育应以开发学员自身的管理经验为主，而不应只是提供放之四海而皆准的管理原则或管理工具。其实，这一观点与毛泽东提出的抗大育人模式是完全一致的。

[毛泽东《反对本本主义》(1930年5月)一文摘录]

我们说上级领导机关的指示是正确的,决不单是因为它出于“上级领导机关”,而是因为它的内容是适合于斗争中客观和主观情势的,是斗争所需要的。不根据实际情况进行讨论和审察,一味盲目执行,这种单纯建立在“上级”观念上的形式主义的态度是很不对的。为什么党的策略路线总是不能深入群众,就是这种形式主义在那里作怪。盲目地表面上完全无异议地执行上级的指示,这不是真正在执行上级的指示,这是反对上级指示或者对上级指示怠工的最妙方法。

本本主义的社会科学研究法也同样是最危险的,甚至可能走上反革命的道路,中国有许多专门从书本上讨生活的从事社会科学研究的共产党员,不是一批一批地成了反革命吗?就是明显的证据。我们说马克思主义是对的,决不是因为马克思这个人是什么“先哲”,而是因为他的理论,在我们的实践中,在我们的斗争中,证明了是对的。

我们的斗争需要马克思主义。我们欢迎这个理论,丝毫不存什么“先哲”一类的形式的甚至神秘的念头在里面。读过马克思主义“本本”的许多人,成了革命叛徒,那些不识字的工人常常能够很好地掌握马克思主义,马克思主义的“本本”是要学习的,但是必须同我国的实际情况相结合。我们需要“本本”,但是一定要纠正脱离实际情况的本本主义。

怎样纠正这种本本主义?只有向实际情况作调查。

2.“马列主义是头，爬山主义是脚”

1938年4月1日，陕北公学第二期学员举行开学典礼，毛泽东在讲话时打了一个很有趣的比喻：“爬山主义”。原来抗大的早操有一个科目是爬山，有些学生身体弱，爬山经常掉队，觉得不光彩，请假又怕别人笑话自己落后，于是便发牢骚：到抗大一个多月，什么也没有学到，“学到的不过是爬山而已”。

毛泽东笑答，“还是爬一爬好”，“马列主义是头，爬山主义是脚”。他说，红军长征时，依靠爬山速度快，打了许多胜仗，甩掉了前堵后追的数十万敌人，胜利到达陕北。身体弱，要量力而行，循序渐进。开始时掉队，不算丢面子。慢慢来，追上去，需要一段艰苦锻炼的过程。山还是要爬，绝不是无关紧要的小事。

所谓爬山主义，是吃苦耐劳的锻炼之一。毛泽东读的是师范学校，对“苦其心志，劳其筋骨”的道理体会颇深，他觉得年轻人不吃苦难成大事。教学育人就是要培养学生的吃苦精神。

抗大的生活之艰苦，条件之恶劣，恐怕在人类教育史上绝无仅有。有人曾经将抗大的办学条件概括为“四个没有”：要教员，没有；要房子，没有；要教材，没有；要经费，没有。什么都没有怎么办？毛泽东给出的办法就是自力更生，艰苦奋斗。

抗大的领导、教员和学员积极响应毛泽东的号召，没有校舍，就自己动手挖窑洞；吃的、穿的严重不足，就开荒种地，自己生产；没有教科书，学员就动手抄讲义；没有笔记本，就到处找旧线装书，翻出背面钉成本子；没有钢笔，就用笔尖、高粱秆插进子弹壳，自制“自来水笔”；没有墨水，就用桑葚汁或锅灰泡水来代替。

对于今天的年轻人来说，这种学习生活真是很难想象。可正是这种艰苦生活的锻炼，使许多入校前肩不能挑、手不能提的青年学生，包括一些向来是衣来伸手、饭来张口的少爷、小姐，迅速成长为“立场坚定斗志强”的八路军干部。

正因为如此，日本人将抗大视为眼中钉，以至于冈村宁次屡次扬言，“消灭了抗大，就是消灭了边区的一半”，“宁肯牺牲10个日本兵换1个抗大学员，牺牲50个日本兵换1个抗大干部”。在敌后各根据地开办的一些抗大分校，则始终处于敌人的包围和进攻之中。日军在多次“扫荡”中都把“消灭抗大”作为重点目标。

在这种恶劣的生存条件下，抗大各分校常常是三天两头地打仗、转移。学员每天起床后都要打好背包，天天背着背包行军，坐着背包上课，一天到晚背包不离身，成为名副其实的“背包大学”。为了不影响学习、训练，学员们经常将要学习的内容写成学习牌，行军时挂在背包上，让身后的学员边走路，边练习、演算。教员在队伍中来回穿插，布置作业，解答问题。行军小休息时，学员们用木棍在地上练习写字；大休息时，教员就地组织上课或讨论。按当时的说法，这叫“识字就在背包上，写字就在大地上，课堂就在大路上，桌子就在膝盖上”。此时，抗大学员更加明白了毛泽东提倡“爬山主义”的一番苦心。

新中国成立以后，军校的教学和生活条件虽然不断改善，可是重视培养学员的吃苦精神，将青年学员放到艰苦环境中锻炼，却一直作为光荣传统加以继承和发扬。特别是培养生长型军官的初级指挥院校，更是将学员吃苦精神的培养列为重要课目。其训练项目之艰苦，淘汰率之高，常人难以想象，以致人们将这种培训称之为“魔鬼训练”，将初级指挥院校称之为“兽营”。

近年来，很多用人单位都感慨找到合适的人太难了，与此同时，大学生也感叹：“机会几时有？求职似过关。择业非易事，如愿在何年？”造成这种矛盾的原因何在？

有一位人力资源经理一语道破玄机：“现在很多单位都有不成文的规矩，

新分配来的大学毕业生先到基层锻炼1~2年。比如说电力公司，刚毕业的学生一般先到一线，值夜班是家常便饭。而好多80后的孩子，在父母的怀抱里长大，缺乏劳动锻炼和社会见闻，觉得受不了，说不干就不干了，难以适应岗位和工作的要求。”

从20世纪六七十年代起，国内外一些大企业就有意识地加强了对新员工吃苦精神的培养。如日本的三星集团，每年都要组织新员工集训，所用方法类似于军校，也是集中住宿、实行军事化管理和大运动量训练，着眼于磨炼新员工的意志品质。培训结束时，还要组织野外生存训练。据说，这种训练可以淘汰一些意志薄弱者，而所有经过这种培训的新员工都感到收获很大，终生难忘。

又如华为公司新员工上岗前的培训，就被称之为“魔鬼训练”。一是时间长，多达5个月；二是内容多，包括军事训练、企业文化、车间实习、技术培训、市场演习5个部分。有人形容这5个月的生活就像是炼狱，但真正能够坚持下来的人，都会把以往教育所传授的许多东西抛在脑后，有一种获得“新生”的感觉，“华为人”三个字开始渗入血液之中。

由此看来，毛泽东提倡“爬山主义”，不仅符合战争年代的需要，也适用于和平年代。

3.知识分子工农化，工农干部知识化

毛泽东曾经提出“知识分子工农化，工农干部知识化”，这是当年叫得最响、影响了几代人的一句口号。改革开放后，很少有人提及了。现在提起它，恐怕甚至会引起一些人的不快。不过，抛开个人情感因素，还历史本来面目，不可否认，毛泽东的这一思想对于育人确实起到了非常重要的作用。

革命战争年代，解放军干部主要有两个来源：一是实际战斗中涌现出来的部队战斗骨干，二是自愿投身革命的知识分子或小知识分子。这两部分人都各有优点和局限。前者大多出身工农，革命立场坚定，能吃苦，不怕死，有丰富的实际斗争经验，但文化程度普遍偏低，影响了他们对革命理论的掌握和斗争艺术的提高；后者文化程度高，接受能力强，有革命热情，可以充当革命事业的先锋和桥梁，可大多缺乏实际斗争锻炼，常带有主观主义和个人主义倾向，容易偏激和动摇，这与当今从大学校园中培养出来的社会精英颇有相似之处。

为了适应实际的需要，针对这两部分干部的不同特点，毛泽东提出了“知识分子工农化，工农干部知识化”的口号。为了实现“两化”的目标，他进一步提出了一整套培养目标和教育办法。对知识分子，特别是青年学生，毛泽东要求他们学习马克思主义革命理论，不断地改造世界观；从提高思想认识入手，解决对工农群众的根本态度问题；到工农群众中间去，与工农做朋友，同工农打成一片；虚心向工农群众学习，先当学生，后当先生；从最基层的工作干起，在实践中不断积累经验；注意克服“娇、骄”二气，在艰苦生活中磨炼革命意志；等等。而对于工农干部，毛泽东要求他们端正对知识分子的看法，把知识分子看作军队和社会的宝贵财富；克服狭隘思想，认识自身不足，不以大老粗为荣；努

力学文化，学理论，学业务，学技术，最终成为工人阶级自己的知识分子；等等。

实事求是地说，当年毛泽东的这一育人思想确实在实践中获得了极大成功。加入革命队伍的两部分人中，都成长出一大批德才兼备的优秀人才。这方面的事例非常多，杨得志和穆青的成长过程就是典型例子。

杨得志是解放军中公认的最能打仗的高级将领之一。长征路上，他是著名的红 1 团团长，该团作为整个中央红军的开路先锋，直接参与了强渡大渡河等重要战斗；抗战初期，杨得志曾任八路军 115 师 685 团团长，该团集中了朱毛红军的精华，是首战平型关参战部队的绝对主力；解放战争期间，杨得志就任晋察冀野战军司令员，直接指挥了许多重大战役；抗美援朝时，他率 19 兵团入朝参战，打了许多漂亮仗，后担任志愿军司令员。

然而，战功赫然的杨得志只是雇农出身，从小家里一贫如洗，参加革命前没有上过学，只是跟老人学过几天《三字经》《百家姓》。由于家里穷，他 14 岁便跟着哥哥外出打工，在安源挖过煤、在郴州修过路，受了很多苦。后来因为工头克扣工钱，一气之下，杨得志和哥哥一起参加了红军。到部队后，他们一边行军打仗，一边开始学文化，渐渐地学会了读书识字。杨得志自己说，他一生上过两次学，一次是在抗大，一次是新中国成立初期的南京军事学院。杨得志可以算是典型的部队培养出来的工农干部。

杨得志的成长经历证明了，在没有受过正规教育的人当中，同样存在很有潜质的栋梁之材。他们没有受过高等教育，只是因为命运没有给予他们机会。作为管理者，千万不要忽略了这部分人，而将眼光只盯在名牌院校的博士生、硕士生上，还要看到，实践出真知，普通岗位上的普通员工中不乏可造之才，只要善于发现和注意培养，照样可以培育出杰出人才。战争年代的军队是这样，和平时期其他战线同样如此。李瑞环、郝建秀等由劳动模范成长为党和国家领导人的经历，也充分证明了“工农干部知识化”的思想是可行的。

新华社原社长穆青是当代中国新闻界一位泰斗式人物，被公认为 20 世纪中国新闻界的脊梁和良心。他一生写下无数感人至深的作品，其中社会反响最大的要数以《县委书记的榜样——焦裕禄》为代表的"十个共产党员"的报道。这十位党员大都是普通干部或工人农民，如石油工人王进喜、棉农吴吉昌、种树的潘从正等。这些普普通通的劳动者，经过穆青的笔，活现为中华民族的精神偶像，影响了整整一代人。为什么穆青能够从这些普通人身上挖掘出如此丰富的精神财富？原因很简单，因为他了解和热爱这些普通的劳动者。

恐怕许多人不了解，对劳动人民有深厚感情的穆青，并非工农出身，而是一个有着宗教背景的大户人家的长子长孙，属于典型的知识分子。穆青 16 岁离家参加八路军，先是在贺龙领导的 120 师搞宣传，后来到延安学习，是延河的水哺育了穆青成长，是毛泽东关于知识分子与工农相结合的教导，为他指引了前进的方向。

近年来，国内教育倡导一种所谓的精英教育，培养目标直指专家、大师，很少再提教育与生产劳动相结合，培养有社会主义觉悟的、有文化的劳动者。似乎普通劳动者都是低层次的，不需要也不值得培养，衡量教育机构成功与否的唯一标准，就是看其培养出多少"人尖"、多少"人上人"。

事实上，这种精英教育培养出的学生，特别是管理专业的学生，其事业发展并不理想。在央视经济节目访谈中，马云直斥其弊："我发现许多人学 MBA 回来后全变傻了。"一句"变傻了"，击中了 MBA 教育的软肋，那便是"学用分离"。

试想，管理者不可避免要与社会上形形色色的人打交道，一个没有经商历练的学者，思维方式难免是学术化的。他跟商人们谈一些商场上的生意经，可能对方听后会哈哈大笑，因为思路完全跟商人靠不上边。还有很多制定政策的人，根本没有在基层锻炼过，出台一些政策，明显缺少可执行性。因为他不了解基层领导执行时会遇到哪些问题，以及具体推行过程中的种种细节，这样的政策自然会带有很大的缺陷。

很多成功的企业家也是从底层一步一步打拼出来的。例如，松下幸之助、李嘉诚、王永庆等著名企业家均出身寒门，都是因无钱上学，不得不先参加工作，然后靠在工作岗位上刻苦自学而成才的。据说，麦当劳现任总裁也是从清洁工岗位起步的。

所以，高明的管理者在选拔和培养人才方面，不能唯学历是举，而应注意发现和培养普通员工中的佼佼者，努力创造良好的用人机制，使优秀人才能够脱颖而出。

4.抓好在职培训:打一仗,进一步

学校教育固然重要,但也只是培养干部的一种途径。对管理者来说,更经常也更重要的是抓好在职培训。

历史上解放军长期处于敌强我弱、无后方作战状态,环境、时间和物质条件均不允许办正规院校,因而毛泽东有一段名言:“从战争中学习战争——这是我们的主要方法。没有进学校机会的人,仍然可以学习战争,就是从战争中学习。革命战争是民众的事,常常不是先学好了再干,而是干起来再学习,干就是学习。从‘老百姓’到军人之间有一个距离,但不是万里长城,而是可以迅速地消灭的,干革命,干战争,就是消灭这个距离的方法。”[①]

怎样在战争中学习战争?如何抓好在职培训?毛泽东的成功经验是:

第一,从总结经验中学习,特别是总结失败教训。毛泽东一生都十分看重总结经验。1965年,李宗仁回国后受到毛泽东的接见,他的秘书程思远先生握着毛泽东的手,说了许多仰慕的话。毛泽东突然问程思远:“你知道我是靠什么吃饭的吗?”程思远摇摇头。毛泽东笑了笑说:“我是靠总结经验吃饭的。”[②]

在总结经验方面,毛泽东本人确实树立了榜样。晚年他在回顾自己的军旅生涯时多次谈到,自己原来不会打仗,也没有读过什么兵书,所以建军初期打了一些败仗。只是因为善于总结,才变得比较聪明起来,胜仗也就越打越多了。

在毛泽东的倡导下,解放军高级指挥员也十分重视总结经验。例如,刘伯承元帅有个工作习惯,每次作战结束后,都要专门召开一定规模的总结讲评

---

①《毛泽东选集》第一卷,人民出版社1991年版,第181页。

② 李瑞环:《学哲学,用哲学》,中国人民大学出版社2005年版,第122页。

会，进行战术总结和政治思想总结，而且总是将两个总结放在一起搞，既肯定成绩和进步，又找出缺点和不足，进而明确今后打仗应继续发扬什么，注意克服什么，这样就使部队每打一仗，不仅指挥方法上有进步，思想作风等方面也能得到提高。当年刘邓的许多老部下回忆，这样的总结讲评会就是最好的课堂，每次都能学到许多管用的东西。

总结失败经验是最好的学习方法。一般来说，人们从失败中学到的东西会更多。毛泽东说过："错误和挫折教训了我们，使我们比较地聪明起来，我们的事情就办得好一些。"① 作为军事家的毛泽东，一生打过无数胜仗，其中包括四渡赤水、三大战役这样的经典战例。可新中国成立后，毛泽东常常如数家珍地向别人谈起他指挥过的几场败仗，介绍其中的教训，可见留给他的印象之深。

善于总结的组织就是高效的学习型组织。据资料介绍，美军从 20 世纪 70 年代开始实行一种事后回顾制度，即每次重要军事活动结束后，将所有参与者聚集在一起，回顾完成任务的过程，分析成功与失败的原因，研究怎样才能将事情做得更好。这样的讨论一般集中在四个问题上：一是我们本打算做什么，二是实际发生了什么，三是为什么会出现这种情况，四是下次我们将怎么办。美军的指挥能力之所以能不断提高，很大程度上得益于这种总结制度。

第二，向最有实践经验的基层官兵学习，开展群众性练兵活动。在实践中学习，谁最有资格当老师？毛泽东认为，"真正亲知的是天下实践着的人"，在一线工作的基层官兵是最好的老师。因此，他一再要求各级领导和机关干部深入实际，深入群众，拜有实践经验的基层官兵为师，虚心向他们学习。毛泽东曾说："我们练兵的口号是：'官教兵，兵教官，兵教兵。'战士们有很多打仗的实际经验。当官的要向战士学习，把别人的经验变成自己的，他的本领就大了。"②

在毛泽东的大力倡导和直接组织下，解放军历史上曾开展过多次群众性练兵运动。例如，1944 年中央军委发出《关于整训军队的指示》，要求全军利用

①《毛泽东选集》第四卷，人民出版社 1991 年版，第 1480 页。

② 同上书，第 1320 页。

抗日战场处于胶着状态，日军暂无力向我发动大规模“扫荡”的有利时机，从政治、军事两方面进行整训。根据这一指示，敌后各抗日根据地的部队普遍开展了以射击、投弹、刺杀、爆破和土木作业五大技术为主，以游击战术和攻坚战术为辅的军事训练。官教兵，兵教官，官兵互教，教学相长的练兵方法，就是在这次整训中提出来的。

20世纪60年代初，解放军大规模地推广过“郭兴福教学法”。郭兴福当时是南京军区某部一位副连长，他总结出的一套练兵方法，得到了从军区、总部到军委领导的高度认可。叶剑英元帅曾亲自概括出“郭兴福教学法”的五个特点，其中第一条就是：在教学中抓活的思想，充分调动练兵的积极性，能够发扬教学民主，集中群众的智慧，实行官兵互教，评教评学。

毛泽东看到叶帅的专题报告后很感兴趣，指出“郭兴福教学法”对解放军的练兵方法“不仅是继承，而且有发展”。全军专门召开了推广“郭兴福教学法”的现场会，会后掀起了以“比、学、赶、帮”为主要内容的群众性练兵热潮。著名的大比武运动，就是这一练兵热潮的直接产物。笔者入伍时，部队中还有一些参加过大比武的老兵，谈起当年的训练情景及所达到的战术水平，个个眉飞色舞，可见获益匪浅，印象极深。

据当年参加过整训的老同志回忆，这种群众性的练兵方法效果明显，不仅大大提高了部队的战术水平，而且进一步密切了官兵关系。抗战后期，我军能够由分散的地方部队，迅速组建起主力兵团，顺利地实现由游击战向正规战的军事战略转变，开展大规模攻势作战，最终夺取抗日战争及后来解放战争的胜利，这次整军功不可没。

很多企业也认识到了干部下基层学习的重要性。例如，华为发展史上就有这样一个故事：时任市场部主管的孙亚芳，带头写下了市场部领导的集体辞职信，表明了要勇敢地走下舞台，接受公司的再挑选。任正非当时提出了一个理念：烧不死的是凤凰。意为现在是领导，下到基层后，如果又能重新走上领导岗位，那就如“凤凰涅槃”，在火中重生，这才是真正的英雄。

经验表明，在职培训要想取得好的效果，一定要加强组织领导，采取必要的形式，而不能放任自流。广泛开展官兵互教、教学相长的群众性练兵活动，就是最好的组织形式之一，值得管理者学习借鉴。

[毛泽东《实践论》(1937 年 7 月)一文摘录]

“秀才不出门，全知天下事”，在技术不发达的古代只能是一句空话，在技术发达的现代虽然可以实现这些话，然而真正亲知的是天下实践着的人，那些人在他们的实践中间取得了“知”，经过文字和技术的传达而到达于“秀才”之手，秀才乃能间接地“知天下事”。

如果要直接地认识某种或某些事物，便只有亲身参加于变革现实、变革某种或某些事物的实践的斗争中，才能触到那种或那些事物的现象，也只有在亲身参加变革现实的实践的斗争中，才能暴露那种或那些事物的本质而理解它们。这是任何人实际上走着的认识路程，不是有些人故意歪曲地说些反对的话罢了。

世上最可笑的是那些“知识里手”，有了道听途说的一知半解，便自封为“天下第一”，适足见其不自量而已。知识的问题是一个科学的问题，来不得半点的虚伪和骄傲，决定地需要的倒是其反面——诚实和谦逊的态度。

你要有知识，你就得参加变革现实的实践。你要知道梨子的滋味，你就得变革梨子，亲口吃一吃。你要知道原子的组成同性质，你就得实行物理学和化学的实验，变革原子的情况。你要知道革命的理论和方法，你就得参加革命。一切真知都是从直接经验发源的。但人不能事事直接经验，事实上多数的知识都是间接经验的东西，这就是一切古代的和外域的知识。这些知识在古人在外人是直接经验的东西，如果在古人外人直接经验时是符合于列宁所说的条件“科学的抽象”，是科学地反映了客观的事物，那末这些知识是可靠的，否则就是不可靠的。所以，一个人的知识，不外直接经验的和间接经验的两部分。而且在我为间接经验者，在人则仍为直接经验。

因此，就知识的总体说来，无论何种知识都是不能离开直接经验的。任何知识的来源，在于人的肉体感官对客观外界的感觉，否认了这个感觉，否认了直接经验，否认亲自参加变革现实的实践，他就不是唯物论者。“知识里手”之所以可笑，原因就是在这个地方。中国人有一句老话：“不入虎穴，焉得虎子。”这句话对于人们的实践是真理，对于认识论也是真理。离开实践的认识是不可能的。

第八章

防止出现叛军叛将

——提高团队忠诚度

当今社会，人才“集体叛逃”事件屡屡发生，往往给企业带来不可估量的损失。能干的人不可靠，可靠的人不能干，似乎成了定律。毛泽东却成功地打破了这一定律，解决了让管理者大伤脑筋的组织巩固问题。

1.党指挥枪，不允许枪指挥党

当组织发展到一定规模，“天花板现象”“瓶颈现象”就会不可避免地发生。在这种情况下，分权是调动下属积极性、创造性的不二选择。但是，分权势必产生误用、滥用权力的风险，如果缺乏有效的控制手段，有可能给企业带来无穷的隐患。轻者造成组织内部号令不一，各行其是，一些人以权谋私，拉帮结派；重则直接导致企业的解体。

如何在分权与有效控制之间取得一个平衡，这是组织发展中的一个难题。毛泽东是如何解决的呢？他采取的方法既不同于中国古代，也不同于西方，而是自上而下地创建了一套“复式结构”。所谓“复式结构”，也就是在每一层行政组织上，都附加了一层党组织，或者叫信仰组织。具体而言，“复式结构”涉及一个基本原则，就是党指挥枪的原则。

叛军叛将之所以频频出现，问题的根本在于兵为将用。如果不解决这一问题，红军也会成为新军阀。为此，在创立军队之日，毛泽东就提出了“党军”的概念，把“兵为将用”改为“兵为党用”，强调军队是党领导下的人民军队，必须听从党的指挥。

1938年，针对张国焘叛逃的历史教训，毛泽东明确提出“我们的原则是党指挥枪，而决不容许枪指挥党”，[①] 重申“个人服从组织，少数服从多数，下级服从上级，全党服从中央”的组织原则和纪律，从而成功解决了令所有实力派大伤脑筋的组织巩固问题。

---

①《毛泽东选集》第二卷，人民出版社1991年版，第547页。

无论是南昌起义，还是秋收起义，都是根据党的指示发动、由党的前敌委员会直接领导的。起义后的部队很快就在内部建立起了党组织，明确提出“党的作用高于一切”，“党的组织是一切组织的根源”。强调部队行动方面的一切重大问题，均需党组织集体讨论决定。秋收起义部队经过三湾改编后，上层有党的前敌委员会，中间有团、营党委，基层有连队党支部，排有小组，班有党员，形成了一套完整的领导体系，从组织上确保了部队的巩固和战斗力的提高。

从历史来看，人民军队也并非铁板一块，不仅基层官兵成分不纯，在高层领导中，也不乏投机分子或禁不住考验者，可叛逃者走的时候至多只能带走身边的少数亲信，根本无法控制整个部队，这都是因为“党指挥枪的原则”发挥了作用。不管是什么人，采取何种手段，如果不通过正常的组织程序，都别想调动军队的一兵一卒，更别说利用手中的指挥权干坏事了。

林彪当年的秘书回忆说，林立果搞“五一七工程纪要”时，曾经想借兵搞政变，可空军中没有合适的部队。于是，他找到曾任林彪警卫员、时任解放军某师政委的关光烈。林立果带着关光烈在钓鱼台转了一圈后，坐下来说：“中央文革那些人攻首长攻得很厉害，你是首长当年最信任的人，你带的部队又是首长当年亲自指挥的部队，你能不能带兵到北京来，把这帮人给灭了。”

关光烈听后叹了口气，对林立果说：“你刚当兵，根本不了解我们部队，部队那是党指挥枪，‘文革’中规定调一个班都得报中央军委批。我一个师从洛阳开到北京，怎么指挥？部队规定，重大行动前都要开党委会，我怎么开这个党委会？党委会上讨论打北京去？打中央文革去？那不乱套了，根本不可能，你想都别想。”林立果听后也无可奈何，只好作罢。

近些年，不断有人对党指挥枪的原则说三道四，鼓吹军队“非党化”“国家化”。如果是出于政治目的，无须多说；如果是为国家和民族着想，那是糊涂想法。持这种观点的人大概忘记了，在中国这样的文化土壤中，当军队失去强有力的控制时，曾经出现过什么局面。而在目前社会条件下，除了共产党，谁又能真正控制得住军队？

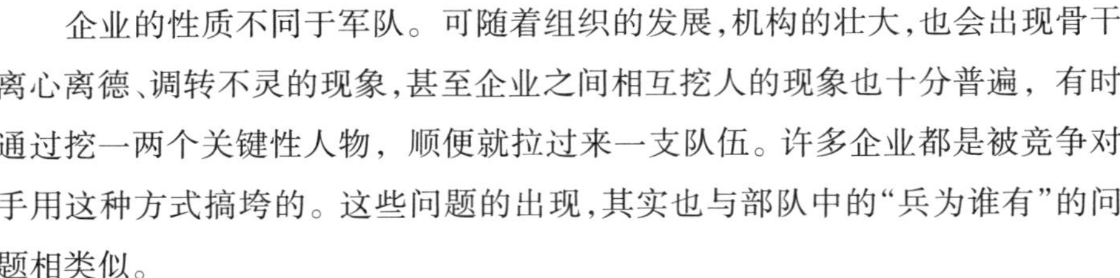

企业的性质不同于军队。可随着组织的发展,机构的壮大,也会出现骨干离心离德、调转不灵的现象,甚至企业之间相互挖人的现象也十分普遍,有时通过挖一两个关键性人物,顺便就拉过来一支队伍。许多企业都是被竞争对手用这种方式搞垮的。这些问题的出现,其实也与部队中的"兵为谁有"的问题相类似。

从这个意义上来看,企业管理者与军队领导的目标是一致的,既要保证打得赢,又要考虑不变色。一些老总反复强调,企业要想健康发展,永远都要实行中央集权,不能在公司内部形成个人势力。可问题是,如何做到这一点?

有的企业采取总公司控制人权、财权的办法,有的企业是部属势力一大就进行"削藩",有的企业每隔一段时间便安排干部对调,还有的派人暗中监视下属公司,等等。措施五花八门,可能有一定效果,但恐怕没有哪一位老总敢拍胸脯说,问题就此解决,可以高枕无忧了。

虽说企业不宜完全照搬毛泽东的做法,却可以从中得到启发。在中国目前社会条件下,共产党毕竟是最有凝聚力、战斗力的组织,多数党员都是有信仰或曾经追求过信仰的。借助信仰组织的力量去巩固组织,发挥党员在各项工作中的先锋模范作用,确是明智的选择。

2.红脸白脸一起唱:实行双首长制

在一个团队中,既要有人唱红脸,也要有人唱白脸。这有些类似于中国传统的家庭教育。父亲一定要严厉,母亲则以慈爱为主,二者对子女的关系如打铁与沾水,相互配合才能锻造出人才。如果父母都强硬如锤,或都溺爱如水,子女教育很难获得成功。这又好比旧时唱戏中的红脸与白脸,角色不同,分析处理问题的角度不同,这样才有冲突,才能出戏,一唱一和,配合起来将戏演好。如果满戏台都是红脸或都是白脸,那戏就没法唱了。

部队也是这样,毛泽东在军队中建立了政委制度。政委通常是党委日常工作的主持者,其主要职责是领导党的工作和政治工作,与军事主官同为所在部队的首长,一位侧重管事,一位着重管人,在同级党的委员会领导下,对所属部队全面建设和各项工作实施领导。

有人不禁要问,一个单位有两"长",岂不是会打架吗?设置这一制度的合理性依据何在呢?实行这套制度的实际效果如何?其实,政委制度并非毛泽东首创,而是蒋介石从苏联引进的。当年,苏联红军中不少军事指挥员是从沙俄旧军官演变而来的,动不动就哗变闹事,所以需要派一批政委监视他们。蒋介石考察后觉得这套制度不错,就在北伐军中实行了"党代表制"。但蒋介石背叛革命后,很快抛弃了这套做法。据说到了晚年,他后悔地说,要是当年不取消党代表制,可能就不会有共产党的天下了。

八一南昌起义成功后,中国共产党领导下的人民军队沿用了国民革命军的做法,在军、师、团各级普遍设立了党代表或指导员,专门负责军队政治工作。毛泽东领导秋收起义部队进行三湾改编时,将党代表一直设置到连,后又

将营连的党代表分别改称为政治教导员和指导员，并一直沿用至今。

政委主要负责党的领导工作和政治工作，包括政治教育、党团组织、基层建设、干部工作、安全保卫、文体活动、群众工作、机要保密、瓦解敌军、计划生育等。仅从这些职责看，对政治委员素质的要求就比较高，比较全面。政委不仅要有坚定的政治信念、良好的道德素养，而且要有相当的领导能力和丰富的实践经验。

在革命战争年代，只要干部的组织指挥能力强、善于打仗，就可以被任命为军事主官；但如果其能力单一，存在明显弱项，通常不会被选派担任政委。所以，从那个年代过来的老同志有一个共同感受：选军事主官相对容易，选一个好政委真是难。

1930年春末夏初，毛泽东为安排红四军政委一职颇伤脑筋。当时年仅23岁的军长林彪需要选派一个合适的搭档。林彪是黄埔四期毕业生，爱动脑子，善于打巧仗，毛泽东对他是器重的。但林彪这个人性格很古怪，不愿接受别人的批评，处理问题时容易走极端，别人颇难同他共事。下井冈山时，28团党代表何挺颖在大余战斗中负了重伤，当时毛泽东曾指示林彪一定要照顾好这位党代表，可他漠不关心，结果身负重伤的何挺颖在夜行军中从马上摔下来牺牲了。后来，担任了一纵队司令员的林彪，又对纵队党代表谢唯俊横挑鼻子竖挑眼，把他挤走了事。

林彪担任军长后，因军政委未到职，代理军委书记赴党中央开会未归，作为红四、五、六军前委书记，毛泽东必须为其委派一位代理政委。这位人选除了要具备丰富的政治工作经验以外，还必须既有坚定的原则性，又在非原则问题上有灵活性。经过慎重考虑，毛泽东选中了貌不惊人的罗荣桓，认为让罗荣桓与林彪搭班子，既能充分发挥林彪的所长，又能有效抑制他的弱点。果然，罗荣桓对军事训练、后勤工作都抓得井井有条，性格偏狭的林彪也感到没有什么好挑剔的了。于是，军长和政委之间，一时相安无事。这是林彪领导下的部队为什么战斗力强、总能打胜仗的重要原因之一。

大千世界，没有个性完全相同的人。不同个性、不同性情的人适宜做不同的工作。因此，在使用人才、配备班子时，毛泽东十分重视用人的搭配术。历史上解放军绝大多数高级指挥员都曾在军事主官和政治主官两种岗位上轮替过，因而培养了一批能文能武的军事将领。如刘伯承，世人皆知他是著名军事家，曾亲自指挥过许多重大战役，在军事理论上颇有建树，被人们誉为“军神”。可很少有人知道，刘伯承也很善于做人的工作，对政治工作颇有见地。他强调士气与战法是打胜仗的两个基本因素，应通过强有力的政治教育，使军队“真正懂得为什么而战！也只有懂得为什么而战——掌握了真理，才会产生不可战胜的力量”。[①]

再如，解放军政治工作的楷模罗荣桓元帅，自三湾改编后一直从事军队政治工作，是公认的政治工作专家。罗荣桓在军事方面也不是外行。抗日战争期间，林彪意外负伤离队，罗荣桓长期担任 115 师师长兼政委、山东军区司令员兼政委，独当一面地领导山东军民的对敌斗争，在作战思想方面也有不少独创。

在企业经营过程中，能否引入政委制度呢？有些企业家曾经做过积极有益的尝试，发现效果不错，企业内部的人际关系大大改善，甚至在骨干员工工资比外部低 1000~2000 元的情况下，他们也不愿意离开。

例如，对下属进行思想引导和教育，进行企业愿景、使命、政策等方面的宣导，通报一段时间以来的生产经营状况，解答员工的疑问，像军队把理念和精神传达到每一位将士身上一样传播企业文化，让全体员工很好地理解并认同公司的宗旨和文化。

又如，任何公司内部政策的变化，都可能冲击员工的利益——包括物质利益和发展空间等，与员工讨论政策变化所带来的工作重心变化或能力变化，收集他们的各种意见和反馈并上传，做到有问必答，可以帮助员工转换思想，提

① 潘石英主编：《当代中国军事思想精要》，解放军出版社 1992 年版，第 173 页。

高认识，把人为的抗拒减少到最低程度。

马云在阿里巴巴的管理工作中就引入了这样的“政委体系”：从组织结构上分三层，最基层的称为“小政委”，分布在具体的城市区域，与区域经理搭档；往上一层是与高级区域经理搭档；再往上直接到阿里巴巴的人力资源总监，这位人力资源总监可直接向邓康明以及马云汇报。这些“政委”既懂业务又代表公司进行价值观宣导，其主要职责是负责观察业务之外的情况，看“士兵”的状态是否良好，以及“司令”与“团长”“连长”的沟通是否到位。

近些年有一种舆论倾向，认为成功的企业靠的是某一位企业领袖，离开了他，企业就玩不转。其实，真正成功的企业都有一个领导集体，在强人的身旁，常常有一个十分得力、与之配合默契的搭档。比如索尼的盛田昭夫和井深大，微软的比尔·盖茨和巴尔默，戴尔公司的迈克尔·戴尔和凯文·罗斯林，海尔的张瑞敏和杨绵绵，华为的任正非和孙亚芳，万科的王石和郁亮，等等。他们一红一白，一阴一阳，分别扮演着不同的角色，在能力、经验、阅历、性格等方面实现互补。虽然为了树立企业领袖形象，对外宣传时常常只突出其中的一位，但了解内情的人都清楚，如果没有另一半，企业将会出现什么局面。

事实证明，“一长制”决策速度快，出了问题能找到责任人，但如果权力一旦失控，就会出现大问题，而引入“双首长制”，往往能够最大限度地避免这种问题的发生。当然，企业不可能完全照搬部队的做法，但可以汲取其中有用的成分，根据这些原理来设计组织机制，会有利于加强对组织的管理和控制。

3.有效掌控基层:支部建在连上

企业发展初期,通常只有二三十名员工,管理者天天与他们打成一片,对每个员工的情况都了如指掌,管理起来得心应手。可是,随着规模不断扩大,管理者往往越来越忙,离一线员工也越来越远,管理起来心中没底了。手下看起来大都忙忙碌碌,对领导也是唯唯诺诺,可他们的内心想法如何?众多分支机构个个只报喜不报忧,可实际经营状况如何?发出指示后,表面上看无人反对,可到底落实了多少?这些问题时时困扰着管理者。

基层问题的出现,是企业由直接管理向间接管理、由个人魅力管理向依靠组织进行管理过程中不可避免要遇到的难题。这一问题解决得不好,企业的基础就打不牢,继续发展就会遇到更多的问题和麻烦。

毛泽东通过"把支部建在连上",有效地解决了这一基层问题。据当年参加南昌起义的老同志回忆,起义部队南下潮汕失败后,留在三河坝的朱德所部仅余2500人。因为作战失利、生活艰苦,官兵思想十分混乱。部队在转移途中,每天都发生几起逃兵事件,朱德等几位将领十分着急,天天在官兵中做工作,还是无济于事,最后这支队伍跑得只剩下几百人。秋收起义部队开始时的情况也与此类似。

在这种情况下,毛泽东实行了"三湾改编"。三湾改编后,各级建立健全了党的组织,特别是在连队一级建立起党支部,党组织开始发挥作用。指挥员通过党组织发动党员群众,有领导、有计划地做其他官兵的思想工作,大大提高了部队对基层官兵的掌控力。

后来,毛泽东在《井冈山的斗争》中高兴地总结道:"党的组织,现分连支部、营委、团委、军委四级。连有支部,班有小组。红军所以艰难奋战而不溃散,‘支部建在连上’是一个重要原因。”[①]

罗荣桓元帅直接参加了秋收起义和三湾改编,并在改编后保留的七个连队之一担任党代表、支部书记,他深情地回忆道:“三湾改编,实际上是人民军队的新生,正是从这时开始,确立了党对军队的领导。当时,如果不是毛泽东同志英明地解决了这个根本性的问题,那么,这支部队早就散了,就是不散,也只能变成流寇。”[②]

其实,早在北伐时期,国民革命军内部就建立了共产党的基层组织。当时,叶挺独立团是一支战斗力最强的队伍,因为该团最多时有 80% 的官兵是共产党员。那么多的党员在一个支部的领导下意味着什么呢？可以想象,一位支部书记要管那么多党员,难免力不从心,党组织的作用也就非常有限。

有鉴于此,毛泽东创造性地提出把支部建在连上,提出“连有支部,排有小组,班有党员”。当时每个连通常有一二十个党员,每个排建一个党小组,每个班都有党员。打个形象的比喻,过去是只有“主动脉”,没有“毛细血管”,肢体的控制能力自然有限。现在,有了“毛细血管”,党不再是一个抽象的概念,而是渗透到基层了,直接掌控基层党员,再通过党员带动非党员群众。

有了党支部这一统一领导和团结的核心,这一联结广大党员的基本环节,这个联系群众的桥梁和纽带,上级领导指挥部队就不再是依靠一两个人,而是依靠一级组织,就多了一条上下沟通、相互协调的渠道,多了一种掌握情况、调控部队的手段,再加上精干、有效的行政系统,各级领导对基层的掌控能力就会大大增强。

在艰苦的战争环境中,党支部的战斗堡垒作用表现得最为明显。每当部队受领重要战斗任务时,支部都要先召开支委会进行研究,集中支部一班人

---

①《毛泽东选集》第一卷,人民出版社 1991 年版,第 65~66 页。

②“中国人民解放军三十年”征文编辑委员会编:《星火燎原》(一),人民文学出版社 1964 年版,第 113 页。

的智慧，制定保证任务完成的具体措施。然后，召开党小组长会，传达上级指示命令和支委会决定，对全体党员提出要求。必要时还可召开支部大会，进行党内动员。支部一级活动结束后，各党小组也要开会，带领所在班排全体同志完成支部布置的任务，进行研究和分工。会后，党员再分头下去做其他战士的工作。这样，上级党组织的精神，就通过这种方式层层传达贯彻到每个战士了。

飞夺泸定桥是中央红军长征途中最惊险的一幕。当时，几万红军来到大渡河边，从敌人手中只抢到一条小船，国民党追兵眼看着包围上来，情况非常危急。要想摆脱困境，红军必须抢在敌人增援部队之前，拿下上游240里处的泸定桥。当时上级指令红4团要不惜一切代价，一天之内赶到泸定桥，并明确提出"要桥不要命"。红4团受领任务后，按说根本没有时间开会，可部队仍然通过党组织进行了战斗动员，所有动员工作都是边行军边展开。

据当时在场的老红军回忆，红4团沿河岸向上游飞奔，远远望去就像是一串滚动的小泥丸，只见这些"泥丸"一会儿会集，一会儿又散开。实际上是各连队党支部及党小组边走边动员。正是靠党支部的工作和党员的先锋模范作用，红军昼夜兼程240里，飞夺天险泸定桥，创造了人类战争史上的奇迹。

在部队遇到困难和挫折时，党支部的作用表现得更为明显。解放军历史上有不少这样的故事：受到强大敌人的包围和攻击，部队被打散了，指挥员牺牲了，幸存的官兵群龙无首，不免有些慌乱。这时，互不相识的官兵碰到一起，首先做的，就是共产党员站出来，组成临时党支部，随即党支部便成为这支队伍的核心。所有同志不论来自哪支部队，不论原来职务高低，都自觉地服从党支部的领导，这样很快形成了一个新的战斗组织，重新投入战斗。

20世纪50年代，有一部电影《海鹰》，就真实地反映了这样的事实，影片中解放军有一艘鱼雷快艇在海战中被敌击沉，官兵落入大海，没有救生设备，情况十分危急。这时，党员们自动地游到一起，召开了一次特别的支部扩大会，相互激励，相互帮助，研究如何带领全体同志战胜困难，争取游回祖国。

套用一句现代管理学的话，是临时党支部的组建和发挥作用，使部队具备了一定的“自组织功能”。现代管理学高度推崇这一功能，认为它是实现管理的最高境界——“没有管理的管理”的重要途径。可什么是管理中的自组织功能，如何才能使企业具备这一功能，谁也说不清楚。而毛泽东领导下的人民军队在危难时刻自行组织的临时党支部，却给出了活生生的例证。

《南方周末》的一位记者曾经在江浙一带进行调查后发现，温州这个民营经济居全国之冠的城市，竟有越来越多的民营企业建立了党支部，其中包括像均瑶、正泰、德力西这样的知名企业。一些原来在党政机关工作过的干部担任党委或支部书记。他们除负责党务工作外，还分管人力资源和企业文化，协助企业家做员工的思想工作，加强与政府部门的沟通。其中，有些书记已成为企业家的良师益友，在企业管理中发挥了重要作用。

[毛泽东《井冈山的斗争》(1928年11月25日)一文摘录]

党代表制度，经验证明不能废除。特别是在连一级，因党的支部建设在连上，党代表更为重要。他要督促士兵委员会进行政治训练，指导民运工作，同时要担任党的支部书记。事实证明，哪一个连的党代表较好，哪一个连就较健全，而连长在政治上却不易有这样大的作用。因为下级干部死伤太多，敌军俘虏兵往往过来不久，就要当连排长；今年二三月间的俘虏兵，现在有当了营长的。从表面看，似乎既称红军，就可以不要党代表了，实在大谬不然。第二十八团在湘南曾经取消了党代表，后来又恢复了。改称指导员，则和国民党的指导员相混，为俘虏兵所厌恶。且易一名称，于制度的本质无关。故我们决定不改。党代表伤亡太多，除自办训练班训练补充外，希望中央和两省委派可充党代表的同志至少三十人来。

党的组织，现分连支部、营委、团委、军委四级。连有支部，班有小组。红军所以艰难奋战而不溃散，“支部建在连上”是一个重要原因。两年前，我们在国民党军中的组织，完全没有抓住士兵，即在叶挺部也还是每团只有一个支部，故经不起严重的考验。现在红军中党员和非党员约为一与三之比，即平均四个人中有一个党员。最近决定在战斗兵中发展党员数量，达到党员非党员各半的目的。

第九章

培养骨干，带动一片

——干部是决定因素

毛泽东指出：政治路线确定之后，干部就是决定的因素。因为骨干是上情下达的纽带，是支撑事业的柱石。所以，培养和使用好骨干相当重要。

1.真正的骨干从何而来

战争历来异常残酷，凡是有战斗力的部队，必定有一大批不怕流血牺牲，关键时刻能够冲得上、顶得住的战斗骨干。

因为官兵们上了战场，随时都有伤亡的可能，冲锋在最前边的人，牺牲的可能性最大。当部队遇到强敌、遭到挫败时，需要有人沉着应战，稳住阵脚。在血与火的考验中，官兵的行为常常是非理性的，从众现象越发明显。遇到危险时，只要有人带头冲，大家便会跟着冲；如果都在往后退，再勇敢的士兵也很难顶得住。

中国古代战争史上几次有名的“以少胜多”的战役，如昆阳之战、官渡之战、淝水之战等，从失败的一方来总结，主要教训之一就在于兵马虽多，但是缺少骨干队伍，以至于一遇到强敌或者局部失利，统帅就无力控制局势，很快就会出现兵败如山倒的局面。

骨干的重要价值就在于此。所以，古今中外军事将领都很重视培养战斗骨干。他们大都采用建立亲兵制度的办法，即专门从家乡或亲友中招募一批人员，平日给予优厚的特殊待遇，战时依靠他们冲锋陷阵，支撑局面。

虽然亲兵制度对培养骨干有一定作用，但也会产生不少管理问题，如待遇方面便不好处理。如果亲兵待遇与普通士兵一样，没有人愿意卖命；而一支部队如果存在两种待遇，必然会激起官兵们的不满情绪。另外，亲兵通常只能集中使用，如组建卫队、宪兵队和精锐部队等，不可能直接充实到各基层战斗单位去；如果平时将亲兵分散，他们会受到孤立，到了关键时刻，也难以发挥作用。

对于这一带兵难题，毛泽东是通过建立党员骨干队伍来解决的，事实证明这一办法明显优于亲兵制度。因为党员都有较高的思想觉悟，不会计较个人待遇。党员也无须集中使用，可以直接分派到各基层战斗单位。邓小平后来评价道：“过去我们党的威力为什么那么大？打仗的时候我们总是说，一个连队有百分之三十的党员，这个连队一定好，战斗力强。为什么？就是党员打仗冲锋在前，退却在后，生活上吃苦在前，享受在后。这样他们就成了群众的模范，群众的核心。就是这么个简单的道理。”[①]

解放军自创建之日起，每当危险关头、紧急时刻，从来都是党员干部冲在最前边，高呼着“跟我来”，带领官兵冲锋陷阵。如著名的狼牙山五壮士，班长马宝玉带领四名战士跳下悬崖时说的最后一句话，就是“同志们，跟我来”。1998 年抗洪救灾，眼看一些堤坝就要决口，党员干部带头跳入水中，用身体做人墙，当时喊出的也是“同志们，跟我来”。

相比之下，国民党军队常常是当官的拿着枪在后面督战，逼着士兵“给我上”。一个“跟我来”，一个“给我上”，对士兵的心理会产生什么样的影响，可想而知。国民党跑到台湾后，也曾仿效解放军的做法，以国民党员为主建立骨干队伍，搞“班有党员，排以上有党部”。据说，还真起到了一定作用。

战争年代，共产党员带头冲锋陷阵，伤亡比例高于普通士兵。如解放战争时期，许多战役中干部和党团员的伤亡人数常常占伤亡总数的 25%，有时甚至能占到 50%。以致领导机关不得不专门下发文件，要求基层指挥员注意自己的指挥位置，尽量减少战斗骨干的伤亡。党员干部虽然伤亡大，可并不因此而影响部队的士气。眼看身边的共产党员不怕枪林弹雨，为革命流血奋勇当先，所有士兵都会深受教育和激励。他们会以英雄为榜样，积极要求加入党组织。不管伤亡有多大，部队都不乏关键时刻能冲得上、顶得住的

① 《邓小平文选》第二卷，人民出版社 1998 年版，第 268 页。

战斗骨干。

在毛泽东领导下的人民军队，共产党员是一个很光荣的称号，也担负着很重的责任，意味着事事处处都要做出好的榜样。军事训练中，党员要带头苦练杀敌本领，取得优异训练成绩；施工生产中，党员要埋头苦干，比普通群众承担更重的工作量；行军路上，大家都累得走不动了，党员要抢着为其他同志背枪、背背包；而到了评功评奖时，党员又要发扬风格，主动将奖励名额让给其他同志……这些在部队已经成为光荣传统。

历史上，解放军有几个特殊时期，战士中共产党员的身份不公开，但多数同志对连里谁是党员还是心中有数，判断标准就是现实表现。官兵们对共产党员寄予很高的角色期望。党员同志做到了，做好了，大家认为理所应当；如果一些党员不以高标准严格要求自己，就会受到领导的批评和群众的指责。

共产党员不但在战场上和各项工作中发挥先锋模范作用，而且也是部队经常性思想工作和管理工作的骨干。为什么部队特别强调“班有党员，排有小组”，就是因为基层大量的思想工作和管理工作，主要依靠这些骨干去做。

即使是军队发展的鼎盛时期，官兵的觉悟也不可能一般齐，总会出现这样那样的思想问题。有了问题不能及时发现，就会影响工作。可是面对百十名官兵，一个连队仅凭几名干部，就是有三头六臂，也难以及时一一化解。而党员骨干整天生活在战士中间，平时哪位同志有什么情况，他们很容易发现，而且普通战士中的党员去做战士的思想工作，更容易收到效果。

在企业发展过程中也是如此。当一家企业快速发展时，大批新员工蜂拥而至，管理者来不及仔细甄别和教化，搞不好就会成为乌合之众。企业经营状况良好时，问题还不会显现出来；一旦企业遇到危机，很容易出现“兵败如山倒”的局面。

三株集团的垮台就是一个典型。三株集团曾经在企业界创下许多奇迹，公司销售额连年翻番，短短几年就接近百亿；几乎全国每个县都有其分支机构，号称除了解放军，三株是国内最庞大的组织。可没想到，新闻媒体上一篇“八瓶三株喝死一位老汉”的报道，竟然使三株一夜之间轰然倒塌。其中的失败教训是，董事长吴炳新犯了与昆阳之战时的王莽、淝水之战时的符坚同样的错误：队伍多而不悍，杂而不精，没有真正培养出骨干。

培养骨干并不是搞“小圈子”。“小圈子”的存在是绝大多数企业都难以避免的现象，某些“小圈子”在一定条件下很容易发展为利益联盟，如果管理者不加以关注，不采取措施，很可能成为组织内部的害群之马。培养骨干与搞“小圈子”最大的区别就在于，前者是出于公心，骨干并不因此而获得多少好处，还要处处起模范带头作用，为普通员工做出榜样。

有的企业老板喜欢任用亲属充当骨干，对员工进行监控，遇到问题时常派亲属出面来做员工的工作。这种做法会产生很大的负面效应。因为员工对老板的亲属通常都会有某种戒备心理，过多地让亲属参与管理，有可能越帮越忙，旧的问题没解决，反而引出一些更难处理的新矛盾。

近年来，老板被自己手下员工杀害的事件屡见不鲜。贵州有一起案件，嫌凶陆某年仅 21 岁，受雇到一家企业打工后，认为自己一直很努力地工作，可老板赵某总是不满意，经常指责他，于是他对老板怀恨在心，以致动了杀机。虽说这样的流血事件只是极少数，但如果企业内部有一些思想骨干，平时留意观察员工的情绪与思想动态，并及时做好安抚工作，就可以避免这些过激行为的发生。

比如每个党员平时固定联系几名非党员群众，主动关心他们的思想进步，经常谈心交心，努力成为他们的知心朋友，尽量减少员工对老乡关系的依靠；当一些同志出现思想问题，或对上级谈话产生抵触情绪时，支部可安排老乡中的党员找他们谈话，利用老乡身份去做思想疏通工作；等等。

其实，现代企业，包括民企、外企同样可以通过党组织来建立思想骨干队伍。毕竟共产党是目前中国最有影响的社会组织，党员相对来说是社会上比较优秀的分子。在经济发达的浙江省，已经有上万家私营（民营）

企业建立了党组织。这些企业的管理者发现，优秀员工中相当一部分是共产党员。把党员组织起来，通过党组织去做其他人的思想工作，可以起到行政机构不可替代的作用。

例如，宁波方太厨具有限公司是一家民营企业，老板茅理翔是共产党员。1996 年，公司在经营管理方面遇到了一些困难，内外议论纷纷，上下人心惶惶。为此，茅理翔将全体党员带到浙东革命根据地四明山的烈士墓前，重温入党誓言，开展“二次创业共产党员应该怎么办”的党课教育。通过教育，全体党员情绪高昂，在烈士墓前立誓，要团结一致，艰苦奋斗，搞好第二次创业。回厂后，茅理翔又立即召开全体员工大会进行二次创业的动员，让党员干部在会上表态发言，很快就统一了全厂上下的思想，形成了第二次创业的热潮。

在市场经济条件下，外企和私企中的共产党员大都具有双重角色，经常会遇到角色冲突。如党员身份要求管理者应自觉奉献，可他们的待遇却取决于资本和劳动力市场；党员身份要求管理者奉公守法，可真如此，又可能影响到企业的现实利益；等等。如何发挥党组织和党员的作用，目前还是一个新课题，需要进一步研讨。

2.压担子，传、帮、带

培养骨干有多种方式，毛泽东最重视的是“压担子”和“传、帮、带”。他说：“一切革命队伍的人都要互相关心，互相爱护，互相帮助。”搞好“传、帮、带”，便是这种关心、帮助、支持的最直接体现。领导和老同志要主动关心年轻干部的成长，多给他们压担子，有针对性地讲传统、教方法，并且不仅要传技能、传经验，更要传思想、传作风。

毛泽东本人就十分善于传、帮、带。凡是与他有过工作接触的同志，都从他身上学到许多东西。像周恩来、陈云、黄克诚等高级领导人，晚年都表示自己在毛泽东面前是小学生，谈起毛泽东，充满了敬佩和感激之情。

在部队中，每一级领导都有培养部属的义务，都要成为部属的表率和师傅，这已成为解放军的传统。笔者入伍后，经常听老同志讲：“什么是培养？领导用你，敢把急难险重任务交给你，就是最好的培养！这既是信任，也是栽培。因为如果你的工作没做好，领导是要承担责任的。所以，遇到这样的机会，千万不要往后缩，也不要怕苦、怕累、怕挨批。”现在笔者回过头来看自己在部队的成长经历，深感此言不虚。

从解放军的历史来看，骨干力量成长进步最快的是在抗日战争时期。当时，部队开展独立自主的山地游击战，经常以营连为单位，独立执行任务，这就要求干部能够全面领会上级精神，增强政策观念，学会处理各种各样的复杂矛盾。许多干部就是这样逼出来的。等到部队再次集中，实行大兵团作战时，这种全面锻炼的机会就少多了。

给下属压担子并不是放任自流，而是需要做大量工作。比如满腔热忱地向年轻同志介绍情况，帮助他们分析遇到的矛盾和困难，增强做好工作的信心；在他们因工作经验不足而出现差错时，主动承担责任，帮助他们正确总结；当他们听到闲言碎语、受到排斥打击时，挺身而出，为他们主持公道；当他们工作取得显著成绩时，及时给予善意的提醒，让他们正确认识个人作用与组织培养、群众支持的关系，防止骄傲自满情绪；等等。在许多情况下，指导一个年轻干部所需付出的时间和精力，可能远大于老同志自己去做。但如果不肯付出代价，年轻干部就难以培养出来。

说到言传身教，中国古代有两个非常生动形象的比喻：一是从游说，即老师或长者像一条大鱼，学生就像跟在其身后的一群小鱼，大鱼在前面游，小鱼跟在后面，跟着跟着，就学会游水了；二是泡菜说，即优秀人才周围会形成一个良好氛围，学生在这种氛围中学习生活，潜移默化地受到多方面影响，时间久了，学识、气质便会发生明显变化，就像泡菜坛子里的泡菜一样。这两个比喻讲的是同一道理。

近些年来，许多优秀企业培养在职干部时，用的也是毛泽东的这套方法。如四通公司提出的“垫子文化”，“你能翻多大的跟头，就给你铺多大的垫子”，其隐含的意思就是在实践中培养干部。柳传志经常说：“最好的认识人才和培养人才的方法就是让他去做事。”任正非再三表示：“我们提倡自觉的学习，特别是在实践中学习。你自觉地归纳和总结，就会很快地提升自己。”

言传身教对领导者素质提出了很高的要求。然而现实当中，经常有一些企业家对部属的要求很高，对自身要求却不高，由此形成明显反差。这可能是现在一些企业在培养干部方面遇到的主要困难，许多企业家都意识到了，可苦于没有解决办法。说实在的，确实没有捷径可走。强将手下无弱兵，企业家要想在实践中培养部属，首先就要不断提高自身的素质和水平。

真正的管理高手不会在课堂上批量产生，而是一对一带出来的。如同过去的武林高手，一定得靠名师真传亲授。管理艺术的诀窍在于解决矛盾时能把握好度，这种把握度的能力是只可意会，无法言传的，只有靠对领导者的言行长期观察和仔细揣摩，才可能真正领悟。

现代西方管理界有一个“现代认知学徒制”，与此相类似。如美国的微软，通过熟练员工来教育新员工，这些熟练员工由组长、某些领域的专家以及正式指定的指导教师组成。他们除了本职工作外，还负有教导新员工的职责。

比如，对于程序经理的培训是这样的：刚开始时，新雇员的任务可能是编一段程序，实现某一种功能，在完成任务的这段时间内，会不断有人进行具体指导。当新员工完成这种工作并对其已经相当熟练后，再派给他更重要的工作，此时具体指导会减少。一段时期下来，新员工就可以单独完成一个小项目或大项目的一部分了。

另外，微软还不定期举行“蓝碟”午餐会，请经验丰富的程序经理介绍他们自己的实践经验。假设你是一个被微软录用的新的程序开发员，那么在头几天里，你会与经理们以及来自其他专业部门的高级人员见面，听到有关开发周期的一个方向性简介，然后开发经理会立即派给你一个单独的任务，或者让你与项目小组一起工作。你还可能被介绍给愿意当指导教师的高级开发员。一般来讲，新员工开始会从事相对容易的特性编码工作，这种工作需要一周左右时间，并且与其他开发工作关联甚少，高级人员会随时仔细检查你编写的代码，并给予及时的指导。

在“传、帮、带”的过程中，教练的角色至关重要。任正非曾要求华为的每个部门都要有一个“狼狈”组织计划：既要有进攻性的狼，又要有精于算计的狈。“狼狈”组织实际上就是每个部门都必须配有执行教练。华为有大批符合任职资格的出色教练，通过他们的“传、帮、带”，成功打造了一支帮助华为确立行业领袖地位的高效营销团队。

3.骨干是摔打出来的

在培养骨干这个问题上，许多企业管理者大都有这样的顾虑：投入吧，怕人才培养出来了跳槽；不投入吧，核心骨干员工素质不高又会制约企业的发展。那么，有没有两全其美的办法呢?

日本的管理大师畠山芳雄在其著作《经理人该干什么》中曾说，无论事业部也好，附属公司也好，让培养对象真正去做管理工作，然后考察其工作成果，主要是管理部门的业绩。只要让他们放手干两年，就可以看出是不是这块料儿了。换句话说，骨干都是在实战中摔打出来的。

未经过战火考验的人，很难想象战场上流血牺牲是什么样子，心里没底，自然容易畏惧和恐慌。可经过实际战斗，特别是大仗、恶仗以后，官兵的心理就会发生明显的变化，他们觉得，战争，包括大仗、恶仗也不过如此。那么残酷的战斗，那么险恶的环境都闯过来了，还有什么不可战胜的强敌，还有什么克服不了的困难。由此产生一种气势，产生一种蔑视强敌、压倒一切的杀气、凶气、霸气，这就是部队的战斗力。

当年，中央红军长征到达陕北时，出发前的八万人队伍锐减到不足一万人。有的同志流露出沮丧、悲观情绪。毛泽东却保持着乐观情绪。他说，红军人数虽不如过去多，但经过了二万五千里长征，那么多的艰难险阻都闯过来了，留下来的个个都是英雄好汉。在这样的官兵面前，有什么困难是不可战胜的。

改革开放以前，人们面对困难时常爱说一句话，“苦不苦，想想红军两万五；累不累，想想革命老前辈”，说的也是这个道理。

在培养战斗骨干过程中，多打胜仗特别重要，尤其是新组建的部队或初上战场的新兵，一定要想办法打好第一仗。徐向前元帅曾明确提出要慎重对待初战，“不用新部队打强攻或打阻击战，因强攻和阻击战伤亡大，而是用他们去打追击战”，因为“追击战，伤亡小，战果大，取得胜利，容易鼓起战士的劲头，多搞上几次，新部队就有了实战经验，士气就会越打越高，英勇顽强的战斗作风就会形成”。①

在革命历史题材的影视作品中，常常不自觉地反映“老八路”与“土八路”的区别。应该说，这是有真实背景的。革命战争年代，共产党的武装力量通常由三部分组成，一是主力部队，二是地方部队，包括县大队、区小队等，三是半脱产或不脱产的民兵、游击队。主力部队中又有强弱之分。解放军部队的发展壮大，通常都是将地方部队提升为主力部队，然后由民兵补充地方部队，而提升的办法就是从主力部队中选派干部，担任新组建部队的主官，同时抽调部分连队和老兵，作为新组建部队的骨干。这些主力骨干经过战火考验，往往具有丰富的实战经验，他们将主力部队的优良作风带到新部队，可以发挥“酵母”的作用。

新中国成立后，毛泽东仍然不时抓住各种机会，通过实战锻炼部队，培养干部。抗美援朝战争打响以后，国内外有些人把美军，特别是美式装备说得非常可怕。受此影响，部分官兵对现代化战争产生了畏惧情绪。为了打消这些消极情绪，帮助官兵树立敢打必胜的信心，毛泽东有意识地安排全军各部队到朝鲜“轮战”，一来让战场上的部队得到轮流休整，二来可以使更多的部队经受现代战争的考验。

后来，毛泽东总结说：“抗美援朝战争是个大学校，我们在那里实行大演习，这个演习比办军事学校好。如果明年再打一年，全部陆军都可以轮流去训练一回。”②20 世纪 80 年代初的边境作战中，邓小平也沿用了这套“轮

① 潘石英主编:《当代中国军事思想精要》,解放军出版社 1992 年版,第 337 页。

②《毛泽东选集》第五卷,人民出版社 1977 年版,第 66~67 页。

战”的办法。

新中国成立后，解放军组织过多次大规模军事演习，包括1955年11月进行的辽东半岛抗登陆战役演习、1973年10月华北地区打敌集群坦克研究性演习、1975年3月长江架设浮桥演习、1981年9月华北地区方面军防御战役实兵演习等。通过组织演习，各级首长和机关指挥现代化战争的能力大为提高。

20世纪70年代初，针对“文化大革命”以来政治运动不断，冲击正常的军事工作，部队训练水平和作战能力大幅度下降的现状，毛泽东提出“军队要严格训练，严格要求，才能打仗”，[①]并充分肯定了北京军区利用冬季开展长途野营训练的经验，强调军队“如不这样训练，就会变成老爷兵”。[②]响应毛泽东的号召，全军迅速掀起了野营拉练的热潮。从最高统率机关，直至各基层单位，都纷纷组织部队走出营房，在冰天雪地里行军演习，练思想、练作风、练技术、练战术，晚上借宿民居，重温战争年代的军民鱼水之情。笔者有幸参加了这一活动，获益匪浅，终生难忘。

把急难险重任务交给部属，让他们在艰难困苦和危险环境中经受锻炼和考验，这是培养骨干的最佳方法，也是解放军的一条成功经验。

---

① 张爱萍主编:《当代中国丛书——中国人民解放军》,当代中国出版社1994年版,第250页。

②《建国以来毛泽东文稿》第十三册,中央文献出版社1998年版,第155页。

附录

为什么西方管理学越讲越像毛泽东

一、西方管理学明显开始“软化”，越讲越像毛泽东

近些年我常常应邀为党政机关、部队、高等院校和企事业单位讲管理课。在介绍毛泽东军队管理思想的现代价值时，不免要将毛泽东管理思想与西方管理大师的观点做些比较。由此，概括出一种现象，即西方管理明显开始“软化”，越讲越像毛泽东。

例如，毛泽东管理军队从来不靠强制命令，也很少搞物质刺激，而主要通过思想政治工作，帮助广大官兵认识到自己的长远利益、根本利益，从而团结起来为共同利益而斗争。近年来，一向以科学管理见长的西方管理学界，也开始提倡“少一点管理，多一点领导”，强调“21世纪的管理将主要靠文化管理”，管理学家如果不谈点企业文化，还在讲“大棒加胡萝卜”，会被讥为“学术落后”“不合时宜”，甚至连“灌输”“洗脑”这些过去常被用来攻击毛泽东管理思想的词汇，也越来越频繁地出现在西方管理学著作中。

再如，毛泽东管理思想的核心是以宗旨为大旗，依靠“精神聚众”，解决了广大官兵“为谁扛枪，为谁打仗”的问题，从而万众一心，前仆后继，最终夺取了中国革命的胜利。对此观点，西方管理学界原本不屑一顾，可近年来也逐渐开始强调“宗旨和愿景是文化的核心”，企业要想基业长青，从

优秀迈向卓越，必须明确自己的核心价值观，塑造“教派般的文化”，切实解决企业为谁赚钱、员工为何工作的问题。

又如，古今中外所有军队都重视纪律，强调从严治军，可毛泽东抓纪律的方法与众不同。他强调，要从思想教育入手，使官兵们认识到遵守纪律的极端重要性，把纪律建立在广大官兵自觉遵守的基础上。依靠这种办法，毛泽东打造出世界上纪律最好的军队。过去，西方管理学界主要强调依靠强制命令和奖惩手段来建立纪律，可近几年新出版的西方管理学著作中，却开始强调维护纪律光靠奖惩是不够的，还要投入更多精力培育纪律文化、执行文化。也就是说，要像毛泽东那样，将纪律及执行力建立在员工自觉的基础上。

民主管理一向是毛泽东的一大管理法宝。从秋收起义失败部队进行三湾改编时起，毛泽东就开始探索实现官兵平等、建立新型人际关系的方法。通过不断总结，最终形成了以政治、军事、经济三大民主为特征的一整套民主管理制度，显著提高了部队的战斗力。无独有偶，西方管理学界也在关注民主管理问题。管理大师德鲁克曾表示，民主管理是他一生中最重要的发现。通过民主管理，可以充分培养广大员工的主人翁精神，发挥他们的聪明才智，有效遏止各种消极现象的发生。可惜，当时这一重要思想未能引起管理界重视，德鲁克为此终身抱憾。

又如，毛泽东视育人为建军之本，早在20世纪30年代就明确提出，要把党和军队变成一所大学校。他身体力行，积极实践，总结出一整套快速培养人才，特别是领导人才的有效办法，创造出“抗大”等人类教育史上的奇迹。60多年后，西方管理学也开始重视人才培养，强调未来社会的竞争三要是人才的竞争，在日益复杂的新环境中，企业要想立于不败之地，必须建立高效的学习型组织，比对手更会学习，才能适应激烈的竞争环境。

类似的例子不一而足。西方管理学最新研究成果与毛泽东观点如此相似，是巧合，还是有其必然性？

平心静气地讲，西方管理学大师众多，讲话、文章更多，寻章摘句地找出一些与毛泽东相似的话，并非难事。所以，要认识毛泽东领军之道的现代价值，举例证明是不够的，必须从理论上做些分析。

二、研究管理需要从分析矛盾入手

众所周知，管理学研究出现了“理论的丛林”，给初学管理者带来不少困惑。怎样才能走出“丛林”？从毛泽东的观点来看，面对复杂事物时，应该从分析矛盾，特别是主要矛盾入手，否则就会“如堕烟海，找不到中心，也就找不到解决矛盾的方法”。

管理是组织为适应外部环境、有效利用资源、实现自身宗旨而展开的系列活动。从定义可以看出，管理活动中始终伴随着两类基本矛盾：

一是组织与环境的矛盾。管理是组织的行为。组织在环境中存在，与同类展开生存竞争，只有获胜者才能存续和发展。外部环境变了，组织必须做出相应的调整。如何适应环境、战胜对手，是管理者始终要面对的矛盾。

二是宗旨与资源的矛盾。组织的宗旨大都宏远，可能永远无法彻底实现。如果宗旨全部实现了，恐怕组织就该解散了。组织的资源往往有限，十分宝贵。正因为资源有限，才需要精心管理，充分利用。从这一点上来说，管理就是为了管好、用好有限的资源，以实现宏远的宗旨。解决这一矛盾的活动就是狭义的管理。

上述两类矛盾，始终存在于组织的管理活动之中。无论是什么类型的组织，处于发展的哪一阶段，都不可避免。解决这两类矛盾的努力，渗透在管理工作的方方面面，管理者的各项活动，都包含在其中。

那么，管理的主要矛盾又是什么呢？笔者认为，应该是管理者与被管理者之间的矛盾。因为在组织的各种资源中，被管理的人具有主观能动性，其他资源的开发利用都需通过人来完成。市场靠人来开拓，技术靠人来研发，品牌靠人来塑造，资金靠人来使用。把人管好、管住，其他各种资源就都管好了、管住了，组织才能适应环境，战胜对手。当然，正因为人具有主观能动性，所以也比较难管。所以，这是最重要和最难处理的矛盾，理当列为主要矛盾。

要想管好人，首先需要正确地认识人。所以，古今中外的学者研究管理时，都从分析人入手，将理论大厦建立在一定的人性假设基础上。对人性的认识不同，管理思路便不同，给出的具体管理方法也不同。

三、西方管理学长于管物、弱在管人

西方管理学与经济学同祖，都以亚当·斯密的理性“经济人”为基本人性假设。所谓理性“经济人”，是说人都是自私的、首先考虑个人物质利益的，而且能理性地分析客观环境，做出对自己最有利的决定。

从理性“经济人”这一假设出发，对人的管理只能有一种办法，那就是“大棒加胡萝卜”：你不是自私吗？不是首先考虑个人的物质利益吗？不是工于算计吗？那好，我就设计出一套机制，诱导你按我的意愿去行动。你若听话并且做得好，便给些甜头作为奖励，做得不好就大棒“伺候”。被管理者大都是明白人，知道在这种机制下如何行事对自己最有利，自然会按管理者的要求努力工作。

“大棒加胡萝卜”式的管理思路逻辑上成立，可要想用得好，切实发挥作用，还需落实几条具体措施：一是明确分工，二是量化标准，三是严格考核，四是严明奖惩。首先要明确分工。如果分工不明确，干起活来“大拨儿轰”，到时候该奖励谁呢？分工明确后，还需提出具体要求，制定详细的考核标准。有了明确的分工和量化的标准后，便可放手让下面去干了。管理者要做的，就是依据标准，严格考核，并将结果记录在案。待任务完成或告一段落后，再论功行赏，至此完成管理的全过程。显然，以上四条措施相互衔接，缺一不可，可谓科学管理的“四根柱子”。

科学管理的理念是美国管理学家泰勒于20世纪初提出的。一百多年来，

西方管理学有了长足的发展，但始终万变不离其宗。近年来备受国人推崇的跨国公司管理新理念、新经验，仔细分析起来，无外乎科学管理的具体化、精细化。例如，所谓“平衡记分法”，实质上是完善考核方法，将单一的财务指标改为综合指标，以保证发展战略的实现，防止管理者搞“单打一”等短期行为；所谓“六西格玛管理”，不过是进一步细化考核标准，将差错率降低到统计学意义上六西格玛的水平，即百万分之三点四；被称为全球第一CEO的杰克·韦尔奇自创的“活力曲线”，即每年重奖位于绩效考核前20%的员工，开除最差的10%，也是在严明奖惩上做文章。

随着研究的深入，西方管理学学者们发现理性“经济人”的假设有值得质疑的地方。人并非只是考虑物质需求的满足，还有各种精神需要、社会需要，同样可以转化为动机。由此引出专门探索人的行为规律的所谓行为科学。此外，在处理实际问题时，人也并非绝对理性，通常不会去追求最佳决策，而大都满足于可接受的决策，表现出有限理性。美国管理学家赫伯特·西蒙因为这一发现而获得了诺贝尔经济学奖。由此，西方管理学逐步形成以科学管理为主、以人本管理为辅的格局。

有意思的是，西方管理学的人性假设从“经济人”出发，讲到“社会人”，再到“复杂人”“文化人”，就不再往下讲了。这是为什么？笔者以为，如果承认人性是后天形成的、复杂多变的，是文化的产物，管理者就可以通过改变文化来改变人、塑造人。

四、毛泽东管理思想的优长在管人、管思想

西方管理学依据理性“经济人”假设，主张用“大棒加胡萝卜”方法进行管理。中国传统文化根据人性可塑的观点，提出“善政不如善教”的管理主张。毛泽东又是如何看待人性、看待管理的呢？

马克思主义认为用人性根本无法解释复杂的现实，强调“人的本质不是单个人所固有的抽象物，在其现实性上，它是一切社会关系的总和”。从这

一基本观点出发，毛泽东形成了独特的管理理念：管理主要是管人。而人受思想支配，故管人先要管思想。所以，“在一定的物质基础上，思想掌握一切，思想改变一切”。

思想教育是毛泽东管理思想的重要法宝。早在红军初创时期的古田会议上，毛泽东就明确提出思想建军的主张。后来，无论抓什么工作，毛泽东都强调思想领先，认为“干部思想的进步是一切工作进步的枢纽”。围绕如何影响和转变人的思想，毛泽东领导下的共产党、解放军形成了一整套方式方法。如果用一句话概括毛泽东的管理之道，那就是：教育群众组织起来为共同利益而斗争。

人的思想是一个复杂系统，信仰为其核心。从某种意义上说，毛泽东的管理是一种基于信仰的管理。毛泽东治军最成功之处，就在于通过长期的思想教育和艰苦的斗争磨炼，帮助广大官兵接受了马克思主义信念，形成了共产主义远大理想，使这支以农民为主的队伍，被锻造成打不垮的铁军，最终夺取了中国革命的胜利。

有意思的是，西方管理学一直是“见物不见人”，后来逐渐意识到人的重要性了，又搞行为科学，“见人不见思想”。西方管理学中与思想比较靠近的概念是态度。按心理学定义，态度是对具体人、具体事的认识、情感和行为倾向。其中，认识和情感较好理解，为什么还要加上行为倾向？因为心理学研究发现，对具体人、具体事的认识和情感，有时并不决定一个人如何行动。也就是说，人的行为不是由单一态度决定的，而是由态度系统决定的。而人的态度系统，实际上就是毛泽东所说的思想。

五、毛泽东管理思想具有独特的价值

改革开放之初，西方发达国家的各种管理理论，堂而皇之地跨入国门；国外管理学最新研究成果，几乎同一时间被介绍给国人；西方大师们的学术思想，人们不仅耳熟能详，甚至有点顶礼膜拜；跨国公司的各种管理经验，

大都已在国内企业开花结果。

然而，引进西方管理学30年后，国人突然发现，好像“我”没有了。大学里面的管理学课程，从本科生到研究生，从MBA、MPA到EMBA、EDP，教的几乎是清一色的西方管理学；学生使用的管理学课本，大多数也为翻译过来的西方教科书；有些著名院校甚至翻译过来都不用，一定要原汁原味的外文原著；书店里倒是不乏“国产”管理学，可翻开一看，内容也全是西方的东西。越接近正规的教学、科研单位，越能明显感受到管理学在西化的路上走了有多远。

“我”没了，自然谈不上融合提炼，自成一家。难怪近年来国内有原创性的管理学著作少得可怜，难怪中国的管理学研究在国际上没地位，难怪西方同行看不起中国的学者。

近几年悄然兴起的国学，基本上属于内圣外王的学问，而且偏重于修身养性等内圣之道，可说到解决管理实践中提出的难题，恐怕没有多少实践价值。

笔者在多年研究中发现，毛泽东管理思想有其独特的实用价值，从认知方法与管理思路来说，与信息时代对管理的要求也相对吻合。可以预期，在紧跟国外管理发展的最新潮流，研究和解决复杂性与后现代管理难题时，会有越来越多的人重新认识毛泽东管理思想的独特价值。